逆风翻盘

后疫情时代中小企业的自救之道

[日]竹内谦礼 著
孙逢明 译

中国科学技术出版社
·北京·

GYAKKYO WO IKASU MISE KIERU MISE written by Kenrei Takeuchi.
Copyright © 2021 by Kenrei Takeuchi. All rights reserved.
Originally published in Japan by Nikkei Business Publications, Inc.
Simplified Chinese translation rights arranged with Nikkei Business Publications, Inc. through Shanghai To-Asia Culture Communication Co., Ltd.
Simplified Chinese translation coptyright © 2021 by China Science and Technology Press Co., Ltd.

北京市版权局著作权合同登记 图字：01-2022-0620。

图书在版编目（CIP）数据

逆风翻盘：后疫情时代中小企业的自救之道 /（日）竹内谦礼著；孙逢明译. —北京：中国科学技术出版社，2022.9

ISBN 978-7-5046-9672-4

Ⅰ.①逆⋯ Ⅱ.①竹⋯ ②孙⋯ Ⅲ.①中小企业－企业管理－危机管理－研究 Ⅳ.① F276.3

中国版本图书馆 CIP 数据核字（2022）第 132897 号

策划编辑	王碧玉	责任编辑	申永刚
封面设计	仙境设计	版式设计	锋尚设计
责任校对	吕传新	责任印制	李晓霖

出　　版	中国科学技术出版社
发　　行	中国科学技术出版社有限公司发行部
地　　址	北京市海淀区中关村南大街 16 号
邮　　编	100081
发行电话	010-62173865
传　　真	010-62173081
网　　址	http://www.cspbooks.com.cn

开　　本	880mm×1230mm　1/32
字　　数	169 千字
印　　张	7.875
版　　次	2022 年 9 月第 1 版
印　　次	2022 年 9 月第 1 次印刷
印　　刷	北京盛通印刷股份有限公司
书　　号	ISBN 978-7-5046-9672-4/F·1040
定　　价	59.00 元

（凡购买本社图书，如有缺页、倒页、脱页者，本社发行部负责调换）

序　言

生意人在逆境中很脆弱。这是发自内心的感想。

自2012年起，笔者开始在《日经MJ》[①]连载专栏《竹内谦礼的揽客之道》，迄今为止已采访了450多家企业。

以前我以为生意人在逆境中很坚强。但是，经历疫情之后，这种想法发生了很大变化。我见过太多在新冠肺炎疫情下苦苦挣扎的企业。

主人公与困难做斗争，重新振兴公司，这类小说或电视剧很受欢迎，不过这全都是编造的故事。

现实世界十分残酷。

没有顾客光顾，商品就卖不出去。在这种状况下，几乎没有人能够奋起抗争，大喊"不向命运低头"。

他们一旦陷入逆境，每天都在苦恼该怎么办，半夜会多次醒来，每当面对家人的时候，他们都有一种即将被不安压垮的感觉。

这就是疫情下的现状。

现实社会没有那么多像小说和电视剧里那样的反转剧情。

餐饮业和住宿业的情况尤其严峻。

由于政府[②]要求店铺缩短营业时间，同时号召人们尽量不要出远门，因此企业无论怎样挣扎，都无法恢复营业额。

[①]　《日经MJ》(*Nikkei Marketing Journal*) 是日本经济新闻社发行的报刊，聚焦消费、流通、营销信息等内容。——编者注

[②]　本书中的"政府"如无特别标注，均指日本政府。——编者注

政府第一次发布紧急事态[①]宣言时，大多数人还能勉强振作精神。但是，政府第二次发布时，很多人心态已经崩溃了，第三次以后基本处于茫然不知所措的状态。

那些在疫情初期一帆风顺的行业也不能高枕无忧。

由于宅家消费，商超行业的销售额有所增长，但是价格竞争越发激烈。由于政府号召人们尽量减少外出，网店的营业额也有了提升，但是随着大企业不断加入，竞争比疫情之前还要激烈。

通过这些情况，我可以断言，疫情让"所有"店铺都陷入了困境。

宅家消费让市场出现倾斜，产生的连锁反应是把压力传递到了各种行业，如今任何一家公司都看不到"出路"。

在这种严峻的形势下，笔者竭尽全力收集了一些店铺和公司的案例，汇总在本书中。

我在疫情开始之前就采访过很多公司和店铺，并通过《日经MJ》或网页新闻报道它们的事迹。其中有些公司和店铺在疫情之下仍然不断提升营业额和业绩，我将在本书中详细介绍它们的成功案例，相信有助于各位制定后疫情时代的对策。

可能有很多人会问"怎样才能将这些案例应用到我自己的业务中"，本书不只是单纯地介绍案例，还把重点放在了解决方案上。我在书中基于各种数据探索陷入逆境的原因，积极寻求"如何生存下去"这个问题的答案。

读完本书之后，您可以立即将书中提供的诀窍用于实践，希望各位尽快站出来与疫情抗争。

生意人在逆境中很脆弱。但是我相信，只要您拼命寻找生存

---

① 2020年4月7日，时任首相安倍晋三宣布日本东京、神奈川、埼玉、千叶、大阪、兵库、福冈7地进入紧急状态，4月16日将实施紧急状态的范围扩大至全日本。——编者注

下去的方法，通过反复实践和验证，一定可以从现在的泥潭中爬出来。

　　希望本书可以成为一针强心剂，激励各位的事业不断发展，那么笔者将不胜欣喜。

竹内谦礼

| 目 录 |

第1章 战胜疫情的公司，在疫情下消失的公司
破产的公司数量减少，通过数据看疫情的影响　002
在"逆境"成为常态的21世纪，企业生存下去的
　两种方法　010
受顾客支持的店铺与被顾客抛弃的店铺　014
逆境中当机立断的人与逆境中犹豫不决的人　021
网络销售真的是救世主吗？　026

第2章 颠覆行业理论、战胜逆境的"反常识战略"
"想试一试"的意愿，会把逆境转化为机遇　036
没有变不可能为可能的思维方式，就无法战胜逆境　045
背离常识，为何适合逆境？　054
越是信息来源少的人，越容易局限于自以为是的常识　063

第3章 即使在逆境之中，也要让顾客尽情享受购物的"娱乐战略"
暗淡之时，"乐观"畅销　074
善于应对逆境的公司，会争取女性的支持　079
想不出有趣的创意，原因在于组织　088
员工的满意，关系到顾客的满意　094

第 4 章 凭别出心裁的思维生存下去的"新创意战略"

拯救你于困境中的思维方式　102

从根本上重新审视商业模式的勇气　110

市场日新月异，我们也得改变自己　119

不花一分钱，在逆境中打造畅销商品的方法　130

第 5 章 疫情之下，顺应新消费动向的"新时代战略"

电子会员制的优势已得到证明　138

通过共享员工解决小地方的人才短缺问题　151

不分地点的工作方式将成为主流　160

疫情后复兴的关键在于"绿色"　172

第 6 章 彻底追求沟通质量的"网络新战略"

误用社交网络的企业的共同点　182

运营社交网络的差距只在于"动真格"还是"业余做"　195

小公司的出路在于数字与传统的融合　211

逆境中才能产生超越常识的网络战略　224

结语　241

第1章

战胜疫情的公司，在疫情下消失的公司

逆风翻盘
后疫情时代中小企业的自救之道

破产的公司数量减少，通过数据看疫情的影响

▶▶ 疫情之下，为何破产的公司数量减少了？

与疫情之前相比，破产的公司数量其实减少了。

据帝国数据库[①]调查，2020年度（2020年4月—2021年3月）破产的公司数量为7314家，与上一年相比，减少了13.8%，这是近20年来第一次年度破产公司少于8000家（图1-1）。

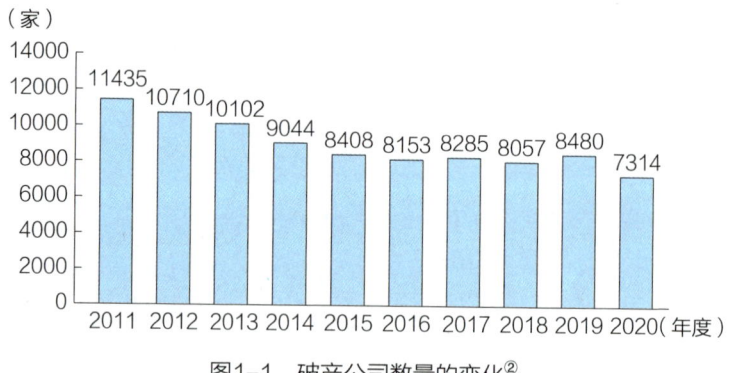

图1-1　破产公司数量的变化[②]

这幅图显示了自2011年以来每年破产公司数量的变化。出乎很多人的意料，疫情之下，破产公司数量出现了大幅度的减少。

（出处）帝国数据库

---

① 日本最大的以企业为调查对象的信用调查公司。——编者注
② 本书中的图表均为示意图，并非完善的数据图，仅供参考。——编者注

第1章
战胜疫情的公司，在疫情下消失的公司

从不同的行业来看破产的公司数量，我们就会发现建筑、制造、批发、零售、运输/通信、服务、房地产这七个行业都比上一年度有所减少，尤其是建筑、制造和批发这三个行业的破产公司数量降到了历史最低水平。

为何会出现这种情况呢？

最大的原因是金融机构在资金周转方面提供的各种援助奏效了，例如实际免息、无抵押贷款等。

就连规模较小的个体工商户与小微企业也获得了资金，由于金融援助的条件优厚，原本可能会破产的企业也得到了拯救。

走在街头，我们经常看到店铺门口挂着歇业或停业的牌子，每当在新闻中看到因新冠肺炎疫情的影响而难以维系的大大小小的企业，很多人就会觉得"疫情导致公司不断倒闭"。

但是，实际上只是一部分与生活服务相关的企业破产了，因为有疫情补贴，其他很多企业幸存下来了。

看一下帝国数据库按照不同行业所做的调查，我们就会发现2021年7月餐饮店的破产数量最多，达295家。虽然建筑/工程行业的破产数量居第二位，但很明显第三位以下的企业大多与生活服务相关，其中宾馆/旅馆有97家，服装零售企业有91家（图1-2）。

与消费者密切相关的企业如果破产的话，人们就容易陷入一种错觉："疫情导致公司不断破产"。其实从整体上看，破产的公司数量在减少。

逆风翻盘
后疫情时代中小企业的自救之道

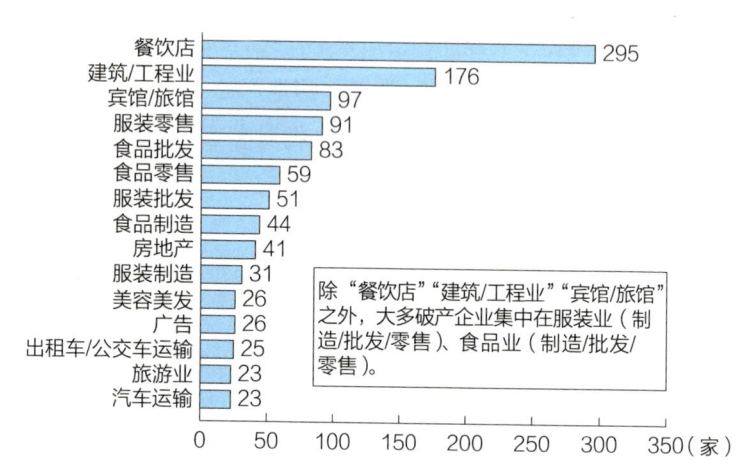

行业	破产家数
餐饮店	295
建筑/工程业	176
宾馆/旅馆	97
服装零售	91
食品批发	83
食品零售	59
服装批发	51
食品制造	44
房地产	41
服装制造	31
美容美发	26
广告	26
出租车/公交车运输	25
旅游业	23
汽车运输	23

除"餐饮店""建筑/工程业""宾馆/旅馆"之外,大多破产企业集中在服装业(制造/批发/零售)、食品业(制造/批发/零售)。

图1-2 "与新冠肺炎疫情相关的破产企业"行业现状分布(2021年7月)

排在前几位的都是跟生活密切相关的行业,非常醒目。而有可能给经济造成重大影响的制造业企业破产的数量较少。

(此处统计了破产数量超过20家的不同行业破产数量)

(出处)帝国数据库

▶▶ 破产的小酒馆九成以上资本金不到1000万日元

如果你仔细看一下破产数量较多的餐饮业及住宿业的数据,就会发现在逆境中生存下来的公司与消失的公司的区别一目了然。

根据东京商工调查公司的数据,2020年度,包括酒吧和啤酒屋在内的小酒馆有175家破产,比上一年增加了17.4%(图1-3)。

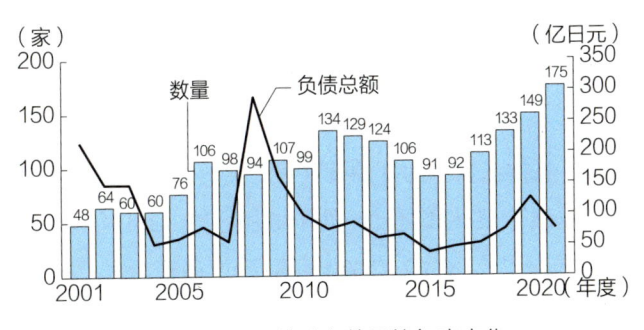

第1章
战胜疫情的公司，在疫情下消失的公司

图1-3 小酒馆破产数量的年度变化

显而易见，由于疫情，破产的小酒馆数量增加了。但是，负债总额减少了，说明破产的大多是规模较小的小酒馆。

（出处）东京商工调查公司

从2001年以来的20年间，2020年度是破产数量最多的一年，大幅度超过了2019年度的149家。从这个数字来看，疫情给餐饮业带来的影响很大。

但是，在破产的企业当中，资本金不到1000万日元的占大多数，为164家，占整体的93.7%。

负债不到1亿日元的破产企业也占到九成，为158家，估计是那些企业或店铺资本过小，资金力量薄弱，没能在逆境中支撑住。

被疫情压垮的那些企业如果在平时可能不会破产，反过来，如果他们提前加强财务管理，就能战胜困境。

当然，如果今后政府反复出台关于店铺缩短营业时间和人们减少外出的规定，即使现在财务状况健康的餐饮店，迟早也有可能撑不下去。

有分析师估计，很多店铺在2020年凭借可持续发展补助金以及银行的援助勉强存活了下来，真正的破产高峰将会出现在2022年以后。

但是，餐饮业数年前开始就存在严重的人手不足问题，人工费高涨，餐饮店破产数量已经处于增加趋势。2019年第4季度破产39家（同比增长2.6%），2020年第1季度破产39家（同比增长44.4%）。

对于财务状况严峻的餐饮店来说，疫情无疑是将其压垮的最后一根稻草。不过，在疫情开始之前，它们应该有过很多次改善财务状况的机会。

实际情况是，有些店铺经营意识薄弱，"漫无目的地开店"，没能把握住改善财务状况的时机，因此在疫情中消失了。

住宿业陷入困境的原因不只是疫情

另一个受到沉重打击的行业是住宿业。

根据东京商工调查公司所做的"住宿业破产企业现状调查2020年（1—12月）"，2020年住宿业破产的企业为118家，同比增长57.3%。自2013年以来，时隔7年，再次超过100家（图1-4）。

如果你看一下破产的原因，就会发现住宿业的情况与餐饮业有所不同。

因疫情造成的"销售业绩不佳"而破产的企业有79家，同比增长61.2%，占第一位。

第 1 章
战胜疫情的公司，在疫情下消失的公司

图1-4 住宿业破产企业数量的逐年变化

通过这幅图，我们可以发现2020年的破产企业数量明显增多了。与餐饮业相同，2020年住宿企业的负债总额相比上一年出现了大幅度下降，这是因为2019年发生了400亿日元规模的大企业破产。

（出处）东京商工调查公司

不过，由于"往年的积压（赤字累积）"而破产的住宿企业为22家，同比增长22.2%，另外，由于"往年的积压、销售业绩不佳、账款回收困难"等综合原因造成的破产企业多达101家，所谓的"不景气型破产"占整体的九成。

也就是说，在疫情开始之前，就有很多住宿企业陷入了经营困难状态。

回顾2018年，日本西部暴雨、北海道胆振东部地震等灾害相继发生，导致游客人数呈减少趋势。

根据日本观光厅2018年所做的"旅行/观光消费倾向调查"，当年日本人在国内旅游的人数总计5.6178亿人次，同比减少了

007

13.2%，旅行消费金额共计204834亿日元，形势比较低迷。

  2019年10月1日的消费税上调可谓雪上加霜，使得2020年的住宿业处于更加严峻的状况。

  旅游方式的改变也是住宿业受到打击的原因之一。

  游客由团体转为个人，住宿企业从团体游客这棵摇钱树上获得的收入大幅度减少了。住宿方式也变得丰富多样，人们可以选择民宿或商务宾馆等，跟以前相比，在传统住宿企业上面花钱的人变少了。

  看一下上面的数据就会发现，从2004年开始的10年时间里，住宿业的破产企业每年都在100家以上。2014年以后破产企业低于100家，与其说是减少了，不如说是"停止增加"更为准确。

  在如此严峻的形势下，外国游客访日的消费需求横空出世。

  根据国土交通省公布的数据，2019年的访日游客人数达到了历史新高，为3188万人，同比增长2.2%。连续两年突破3000万人，连续7年刷新了历史纪录。很多住宿企业失去了团体游客，转而迎来外国游客，住宿业从他们身上重新获得收益。

  但是，由于新冠肺炎疫情的蔓延，这部分收益也蒸发了。正想通过外国游客访日的消费需求来弥补团体游客及国内游客减少造成的损失，结果突如其来的疫情让一切化为乌有，很多人因此放弃了继续营业的念头，选择了破产。可以说这就是住宿企业在疫情中消失的真相。

第 1 章
战胜疫情的公司，在疫情下消失的公司

▶▶ "漫无目的的经营"成为致命伤

很难将住宿业破产企业数量增加的原因全部归于疫情。

当然，外国游客之所以不来日本了，主要是因为疫情，不过还有很多其他因素。市场规模的缩小、消费者喜好的变化、住宿企业的商业模式本身、过于依赖外国游客的经营方针等，各种原因交织在一起，导致了企业破产。

由于疫情，很多店铺和公司不复存在了。

但是，经过数据分析，我们会发现，那些在疫情中消失的公司和店铺，在疫情造成的不景气之前就存在一些问题。例如，财务状况堪忧、"漫无目的的经营"、无法适应市场变化的商业模式等。

反过来，那些生存下来的店铺和公司，不仅能够迅速应对眼前出现的困难，还会基于原有的危机意识不断改善其经营方式。

> **在逆境中生存的公司**：在陷入逆境之前就有危机意识，反复改善经营模式，不断进化发展。
>
> **在逆境中消亡的公司**：总是"漫无目的"地经营公司，缺乏危机意识，觉得"车到山前必有路"，抗风险能力逐渐变弱。

逆风翻盘
后疫情时代中小企业的自救之道

在"逆境"成为常态的21世纪，企业生存下去的两种方法

▶▶ 不确定的事情连续发生的"VUCA"时代

雷曼事件、东日本大地震、新冠肺炎疫情……进入21世纪以后，出乎人们意料的事情接二连三地袭击了日本。

但是，这些无法预测的事情并非只发生在日本。

美国芝加哥大学的研究人员根据全世界21个国家的报纸上出现的"不确定（uncertain）"这个词计算出了"经济政策不确定性指数"，他们发现进入21世纪之后，发生了"9·11"恐怖袭击、伊拉克战争、雷曼事件、欧洲主权债务危机、英国脱欧等，不确定性的绝对水平与20世纪相比，有了大幅度提升。

另外，日本人还要面对台风、暴雨、洪水、泥石流、海啸、火山喷发等自然灾害，这些可以说都是象征这种"不确定"的事件。

作为反映这种时代背景的关键词，"VUCA"这个词开始受到人们的关注。

Volatility（波动性、不稳定的状态）
Uncertainty（不确定性、不确定的状态）
Complexity（复杂性）
Ambiguity（模糊性、不明确的状态）

这4个关键词的首字母组合起来就成了"VUCA"，它原本被用作军事术语。在商业领域，我们同样需要培养能力来应对连续发生的不确定性事件。

>> 爱彼迎（Airbnb）和星野集团展示的凝聚力

所谓"不确定性"，就是指逆境。

逆境让人陷入危急状况，往往源于出人意料的不确定性事件，如股价暴跌、地震灾害、传染病等，管理者事先可以准备的防卫手段很有限。

但是，在VUCA时代，这样的逆境将成为常态，打造能够应对不确定性的强大企业或店铺，是生存下去的条件。

要想在逆境中变得强大，企业应该做些什么呢？

在VUCA时代，无论制定多么细致周到的战略，都会很快变得陈旧，或者预测失误。

为了防止出现这种状况，需要建立灵敏的组织，在领导的率领下，每个员工都能根据不确定的变化，迅速思考合适的方法，并做出行动。

要想建立这样的组织，有两种方法。

第一种方法是管理的透明度。

最高层管理人员在员工面前毫无隐瞒，公开信息，就能加强团队成员间的相互信赖，培养团队渡过危机的凝聚力。

例如，开拓了民宿市场的爱彼迎，在2020年5月上旬疫情刚刚开始时，就决定解雇1900人，相当于全体员工的四分之一。当时，联合创始人及首席执行官（CEO）布莱恩·切斯基（Brian Chesky）向全体员工详细说明了什么样的人会被裁员。

他强调，被解雇的人并非业绩不好，而是在战略调整时，碰巧属于不符合新战略的部门。

他还采取了一系列措施，例如，离职的人可以出售所持股票，也可以通过持有股票与爱彼迎保持联系。另外，员工离开公司时可以把公司发放的电脑当作自己的私人物品带走，继续使用。

星野集团的总经理星野佳路为了提高员工的凝聚力，在面向员工的博客中公开了公司的"破产概率"，引发了热议。

当公司陷入逆境时，员工内心会充满不安，不愿意听管理者的场面话。但是，星野总经理作为公司的最高层领导，开诚布公地分析现状，讲真心话，促使每一位员工保持清醒。

像他这样，在逆境中提高经营的透明度，就会消除员工的不信任感，增加团队凝聚力。即使发生了不确定的事情，员工也会负责任地行动，公司就会在面对变化时游刃有余。

▶▶ 亚马逊（Amazon）前首席执行官提倡的"两份比萨的团队"

要想在VUCA时代生存下去，第二种方法就是组建小团队。

团队人数太多的话，在陷入逆境时，就无法随机应变。意见无法统一的话，选择错误的概率也会增加。越是大型的企业，往往越不善于灵活应变。

亚马逊的前首席执行官杰夫·贝索斯（Jeff Bezos）先生认为，正好能够分享两份比萨（5～10人）的小型团队才适合解决问题、探索新方案，他称之为"两份比萨的团队（two-pizza team）"。

根据公司规模，团队人数会有差距，像亚马逊这样的巨型企业，5～10人可以说是非常紧凑的团队了。

▶▶ 在疫情中招聘失策的大企业的共同点

如果团队人数较少，就可以提早做出初期行动，决策也会更快。

关于这一点，某家招聘广告公司的总经理告诉我一个很有意思的现象。

当疫情给就业市场带来巨大不确定性时，立刻组织线上面谈和公司宣讲会的是那些灵活应变的中小型IT企业。

由于负责招聘的团队人数较少，中小型企业就占据了决策快的优势，可以迅速应对市场的变化。

反过来，大型企业预料到了疫情会导致公司宣讲会和面试变得困难，但是直到最后都在犹豫是否应该组织线上形式的面试和公司宣讲会。

结果，大型企业错失了很多优秀的学生，而很多中小型IT企业成功获得了优秀的人才。

小团队善于应对不确定性，这一点在疫情中也得到了证明。

在VUCA时代,"顶层的透明度"和"小团队"是在逆境中变强大的两个必要条件。

管理者如果一直隐瞒坏消息,光说漂亮的场面话,团队就会逐渐失去凝聚力,让员工失去工作热情。

大型团队也不适合VUCA时代。如果向很多人征求意见,就会降低决策效率、延误判断,跟不上时代的变化。

如果是大企业,就尽量减少团队人数;如果本来就是人数较少的公司,就让高层领导做决断,这样更容易克服逆境。

公司把逆境当作常态来接受,善于应对不确定性,才能在VUCA时代生存下去。

> 在逆境中生存的公司:顶层具有透明度,以小团队形式克服重重困难。
>
> 在逆境中消亡的公司:顶层不和员工分享信息,团队成员过多。

受顾客支持的店铺与被顾客抛弃的店铺

》》"想支持店铺"的消费者心理占七成

如果你看一下餐饮店打包情况的调查结果,就会发现受顾客

第1章
战胜疫情的公司，在疫情下消失的公司

支持的店铺与被顾客抛弃的店铺之间的区别非常明显。

当政府第一次发布紧急事态宣言时，实名制美食服务网"莱提（Retty）"针对餐饮店的消费者倾向进行了一项调查，结果发现，当被问到使用打包服务的原因时，七成以上的人回答说"因为想支持餐饮店"（图1-5）。

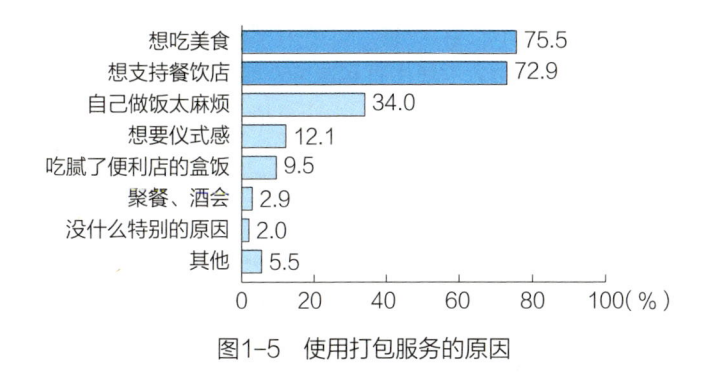

原因	百分比
想吃美食	75.5
想支持餐饮店	72.9
自己做饭太麻烦	34.0
想要仪式感	12.1
吃腻了便利店的盒饭	9.5
聚餐、酒会	2.9
没什么特别的原因	2.0
其他	5.5

图1-5 使用打包服务的原因

这是政府第一次发布紧急事态宣言时（2020年4月21日—4月24日），以使用订餐软件的615名用户为对象进行的调查。虽然是多选题，结果却显示，"想支持餐饮店"和"想吃美食"的回答所占比例差不多。

（出处）莱提

餐饮店本来不适合打包。

因为它们无法像便利店或超市那样低价采购大量食材，无法高效地制作用于打包的菜品。

但是，看一下调查结果就会发现，顾客之所以使用餐饮店的打包服务，自然是因为美味，除此之外还有"想支持一下"的心理。

逆风翻盘
后疫情时代中小企业的自救之道

也就是说,餐饮店的打包服务需要获得顾客的支持,如果无法获得顾客的支持,到时候制作的打包菜品就卖不出去。

通过"社交网络"和"招牌"了解打包服务

还有一组很有意思的数据。

在该调查问卷中,有这样一个问题:政府发布紧急事态宣言之后,您在什么样的店里使用打包服务?结果超过六成的人回答"虽然以前曾在店内用餐,但是打包还是第一次"(图1-6)。

选项	百分比
虽然以前曾在店内用餐,但是打包还是第一次	62.0
以前没在店内用餐,也是第一次打包	36.3
以前既在店内用过餐,也打过包	32.9
其他	0.9

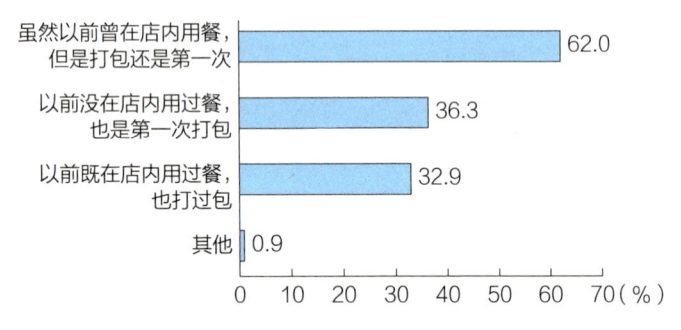

图1-6 请问您在什么样的店里使用打包服务[1]

过去曾在店内有过用餐体验的人更经常使用打包服务。

(出处)莱提

---

[1] 由于调查对象是订餐软件的使用者,有可能使用过多家餐饮店的打包服务,并根据情况选择多个回答,因此各选项百分比之和大于100%。——编者注

第1章
战胜疫情的公司，在疫情下消失的公司

回答"以前既在店内用餐，也打过包"的常客约占三成。将两者加起来，我们就会发现，大多数人会选择在疫情之前就去过的餐饮店打包。

反过来，回答"以前没在店内用过餐，也是第一次在那里打包"的人仅占36.3%。

通过这组数据，我们发现打包服务很难招揽新客，更适合提供给常客。

另外，在该调查问卷中还有一个问题：您通过什么途径得知该店提供打包服务？结果回答"美食服务网站以外的社交网络"（41.2%）和"店门口的招牌"（37.5%）的人占了一大半（图1-7）。

通过分析这些数据，我们可以想象，通过"美食服务网站以外的社交网络"获知打包服务的信息，大致有以下3种情况。

第1种情况是通过餐饮店的推特（Twitter）或"照片墙"（Instagram）得知。

这种情况应该是顾客平时经常查看该店的社交网络账号，是该店的忠实粉丝。

第2种情况是社交网络的好友发了关于该店提供打包服务的消息。

既然愿意在自己的社交网络分享该店的信息，说明这位顾客肯定也是该店的铁杆粉丝。

第3种情况是通过推特或"照片墙"搜索，得知该餐饮店提供打包服务。估计顾客是通过搜索商家设置的"#打包服务"标

逆风翻盘
后疫情时代中小企业的自救之道

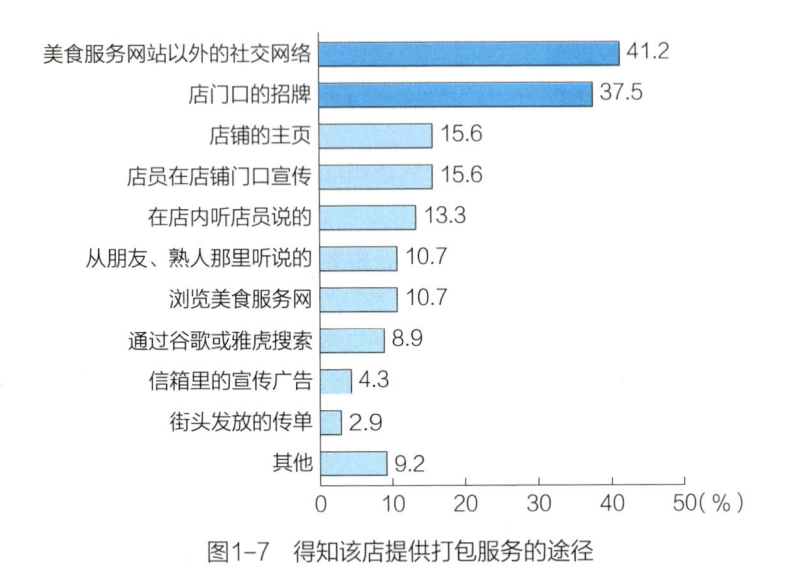

途径	百分比
美食服务网站以外的社交网络	41.2
店门口的招牌	37.5
店铺的主页	15.6
店员在店铺门口宣传	15.6
在店内听店员说的	13.3
从朋友、熟人那里听说的	10.7
浏览美食服务网	10.7
通过谷歌或雅虎搜索	8.9
信箱里的宣传广告	4.3
街头发放的传单	2.9
其他	9.2

图1-7 得知该店提供打包服务的途径

大多数人都是通过社交网络和店门口的招牌得知。由于疫情，人们无法外出，所以通过朋友、熟人的口头推荐获知的人仅占10%左右。

（出处）莱提

签找到了该店。但"#打包服务"这个关键词太笼统，搜索出来的结果太多，很难在其中找到自己喜欢的打包菜品。当然，如果耐心寻找美味佳肴，也许凭借"#打包服务"这个主题标签也能找到想要的菜品。

但是，如果顾客寻找时"肚子很饿""午休时间很短""马上就想吃到美味的菜品"，要想立刻找到打包服务，最好输入自己常去的店铺的名字，通过社交网络搜索，这样效率最高。

第1章
战胜疫情的公司，在疫情下消失的公司

当然，人们都希望在确保"美味"的店里打包，所以很可能会选择曾经去过的餐饮店。

综上所述，在使用打包服务的顾客当中，回答"虽然以前曾在店内用餐，但是打包还是第一次"的人之所以超过六成，是因为背后有这些情况。

▶▶ 放任自流则会错失优质顾客

不只是餐饮店，在疫情之下，任何店铺想要提高揽客能力，"获得顾客的支持"都是必不可少的条件。

关于利用打包服务的原因，很多人回答说"想支持一下""想在以前去过的店里购买""通过社交网络得知那家店提供打包服务"。通过上述调查结果，我们也能发现，店铺与顾客的关联性会给招揽顾客以及销售额带来很大影响。

反过来，疫情造成顾客锐减的企业，往往和顾客的关联性不强。顾客不想支持，也没去过那家店，所以不会查看该店的社交网络账号，自然不可能特意抽时间光顾。

也就是说，店铺能够获得顾客的支持，是由于和顾客建立了关联。

▶▶ 为了获得顾客的支持，现在应该立刻采取的措施

要想获得顾客的支持，企业和店铺需要的是发布信息的能力。

通过社交网络、电子杂志、博客等发布信息，与顾客建立联系，是加强关联性的第一步。

通过直邮广告（DM）、明信片等方式发布信息也很有效。

纸质媒体更容易让人产生归属感，手写文字和手绘插图可以拉近与顾客的距离。

反过来，如果你不发布信息，几乎不可能获得顾客的支持。

如果是在人口较少的小城市，人与人之间关系密切，商品又极富独创性的话，即使你不发布信息也可能获得顾客的支持。

但是，如果你的服务可以被他人取代，或者你的商品很容易陷入价格竞争，那就必须建立一种机制，不停地发布信息，一直和顾客保持关联。

如果你觉得即使不发布信息，那些常客也一定会光顾。那么我劝你最好早点丢掉这种天真的想法。

如今，顾客会收到各种各样的信息，可以从中任意挑选最合适的内容。顾客一旦淹没在这样的信息海洋中，即使前一天才去过某家店，第二天也会把店名忘到九霄云外。

看一下对餐饮店的打包服务进行调查的结果，我们也能发现，平时就有意识地和顾客建立关联的企业和店铺，才会获得顾客的支持。

有目的地努力增加优质顾客的店铺将会得到顾客的支持，"漫无目的"地和顾客打交道的店铺将会被很多人抛弃，逐渐消失。

如果企业和店铺意识到疫情之下招揽顾客的重要性，最好尽快开始采取措施，争取早日获得顾客的支持。

第1章
战胜疫情的公司，在疫情下消失的公司

> **在逆境中生存的公司**：愿意花费时间和精力，利用社交网络和直邮广告强化与顾客的关系。
> **在逆境中消亡的公司**：既不主动发布信息，也不管理客户信息，漫不经心地说"即使不做那么麻烦的事，客户也不会离开"。

逆境中当机立断的人与逆境中犹豫不决的人

▶▶ 应对迟缓的企业在各方面吃尽苦头

善于应对疫情的企业和店铺的行动速度非同一般。

他们在疫情初期就迅速采取了行动，例如申请补助金、与银行交涉、聘用人才、转换广告战略等，几乎让人觉得他们未经思考就付诸了行动。

反过来，也有很多企业尽管处于同样危急的状况，但却按兵不动。

"再观察一下情况""多收集一些信息之后再做出判断""想听听更多人的意见"等。由于缺乏应对疫情的经验，不少人在做判断时小心谨慎。

根据逆境的种类以及所处的状况，我们有时候需要重视速度，有时候则需要谨慎应对。

逆风翻盘
后疫情时代中小企业的自救之道

但是，回顾以往的逆境，我们会发现一种倾向：危急关头重视速度往往会带来好的结果。

例如，因地震或台风遭受损失时，即使国家会提供援助，能够立刻获得援助的企业数量也有限。

因为要分配的救援物资、金钱、人力都是有限的，所以最先申请援助的企业的生存概率肯定会高。

反过来，有些企业花费时间苦苦思索，即使最终拿出了完美的提案，也为时已晚。而这种企业占绝大多数。

例如，2020年日本政府发放的可持续发展补助金，立即提出申请的人很早就拿到了补助。当然，由于文件资料不一定能快速准备齐全或者负责人工作方式有差异，每个企业提交申请的速度也就各不相同。但显而易见，会有很多企业扎堆申请，所以越早办手续，拿到补助金的时间自然就越早。

尽管大家都明白这个道理，但还是有很多企业在初期行动时落后一步。

结果，应该有不少管理者为资金筹措问题而焦心，很长一段时间无法专心从事自己的工作。

另外，在参与Go To计划[①]和县民折扣[②]政策、导入远程办公制度等方面，管理者决策速度的差异给企业在疫情中的生存状况

---

① 为了重振疫情之下凋敝的经济，日本政府出台的一项政策。鼓励人们走出去（Go To）消费，给参加国内旅行、娱乐活动、外出就餐的人提供补助。——译者注
② 为了振兴各地旅游业，日本政府鼓励人们在县（相当于中国的省）内旅游，并提供一定金额的商品券，县内的游客在住宿和购物时享有折扣。——译者注

第1章
战胜疫情的公司，在疫情下消失的公司

带来了很大的影响。

"今后，新冠病毒的感染情况会怎样呢？"

这是眼下让很多人感到苦恼的问题。疫情的发展趋势尚不明朗，导致人们做判断时更加谨慎，让领导的决策速度变得迟缓。

尤其是在陷入逆境时，人们往往想要寻找"行不通的理由"，为此所花的时间越长，越容易得出消极的结论。

结果，他们做判断时花了很多时间，做出的选择大概率也是错误的，最终会走向最糟糕的境地。

▶▶ 为何关于"新冠肺炎就是感冒"争论不休？

当你认为初期的判断很重要时，就不要想太多，应当毫不犹豫地采取自己认为正确的行动。

为什么这么说呢？因为当你在逆境之中时，即使经过深思熟虑，结论也不会有很大改变。

所谓"慎重考虑"，只不过是为了说服自己而花时间寻找证据。

举个例子，大家就能理解我的意思。有人说"新冠肺炎就是感冒"，有人说"新冠肺炎是会致人死亡的疾病"，双方相持不下。

认为"新冠肺炎就是感冒"的人收集信息时，一味地收集可以证明自己观点的信息，所以结论就是"果然新冠肺炎就是感冒"。

而认为"新冠肺炎是会致人死亡的疾病"的人从收集数据阶段开始，就只倾听对新冠肺炎持悲观态度的医生的说法，其实这样做也只是为了不断坚定自己的看法。

逆境中的"思考"，这只是让自己的意见正当化的行为。即使你收集一大堆资料，花很多时间思考，结论也不会有什么改变。

很多人并不根据事实寻求正确答案，只是出于"想轻松""想安心"的考虑，按照预想好的结论探索答案。

>> 要想加快决策速度，需要"信息设限""责任""无情"

商务人士的职责就是做决策。

决策做晚了就等于玩忽职守，在逆境之中，决策做晚了可能会造成不可估量的损失。

有3种方法可以帮你加快决策速度。

第1种方法是给信息来源设限。

信息收集过多的话就会形成干扰，也会导致你产生迷茫，所以平时就要限定信息来源。

例如，限定要读的报纸的种类，固定查看某几位分析师的社交网络账号，事先确定值得信任的信息来源，用于判断的材料就会变得简单，你就能更快做出决策。

听取别人的意见时，也不要咨询过多人，限定3名可以给自己提供适当建议的人，其他人的意见一概不听，这也是提高决策速度的方法。

第2种方法是为决策负责。

决策速度变得迟缓是因为你担心失败。但是，只要你做好负责的思想准备，应该就不会害怕失败。

第1章
战胜疫情的公司，在疫情下消失的公司

无论出现什么样的结果，如果你能负责地面对一切，就不会对决策产生恐惧。

有人说为了不后悔，想做出最好的决策，这种心情我也可以理解。但是，决策总伴随着后悔，决策之后的后悔只是结果论。

有两个选择，而你只是碰巧选了其中一个，后悔和满意是对立统一的整体。

第3种方法是做决策时不被感情左右。

"好人"无法做出最好的决策。为什么呢？因为他总是体谅别人的心情，想要做出令所有人信服的决策，所以苦恼之后也拿不出明确的答案。

花费很多时间得出的结论很少会带来好的结果。

如果决策没有时间限制，你也可以坚持做"好人"。但是在分秒必争的逆境之中做决策时，你必须做好牺牲一部分人的思想准备。

紧急时刻不存在皆大欢喜的决策，不可能让所有人都满意。

也许这个决策会遭人嫉恨，但是过后再看，应该会有很多人觉得"当时的判断是恰当的"。

不被周围的评价左右，做出理性的决策，才是逆境中的企业真正需要的。

> 在逆境中生存的公司：知道当机立断才会产生最好的结果。
> 在逆境中消亡的公司：误以为慢慢考虑就会产生好的结果。

逆风翻盘
后疫情时代中小企业的自救之道

网络销售真的是救世主吗？

>> 疫情之下，在日本亚马逊销售额增长25.5%，乐天市场[①]销售额增长45.2%

由于疫情，网络销售的市场急剧扩大。

根据总务省[②]统计局每个月进行的"家庭消费状况调查"，2021年5月的网络购物支出金额与上一年5月相比增加了8.8%（表1-1），利用网络购物的家庭（2人以上）占比也上升了1.6个百分点，达到52.1%，超过了一半（表1-2、图1-9）。

通过这些数字，我们发现，疫情之下网购的用户呈增加趋势。

表 1-1 网购支出额的变化

○支出额（日元）

	2021年5月	2020年5月	变动（%）
网购的支出额	17275	15873	8.8
每户平均网购支出额	33144	31465	5.3

（出处）总务省统计局"家庭消费状况调查"

---

① 日本知名的网购平台，B2C（business to consumer）网站，是厂家或大型卖场和消费者直接交易的网站。——编者注
② 日本中央省厅之一，主要管理范围包括了行政组织、公务员制度、地方行财政、选举制度、情报通信、邮政事业、统计等。——编者注

第1章
战胜疫情的公司，在疫情下消失的公司

由图1-8可知，2021年的支出额格外高。按照富士经济的预测，电商市场在2020年将达到107144亿日元，比2019年增长8%，2021年将达到114190亿日元，比2019年增长15%。

图1-8 网购支出额的变化

（出处）总务省统计局"家庭消费状况调查"

表1-2 利用网购的家庭占比的变化

○利用网购的家庭（2人以上）占比（%）

	2021年5月	2020年5月	变动
利用网购的家庭占比	52.1	50.5	1.6

（出处）总务省统计局"家庭消费状况调查"

图1-9 家庭网购情况（2人以上）

（出处）总务省统计局"家庭消费状况调查"

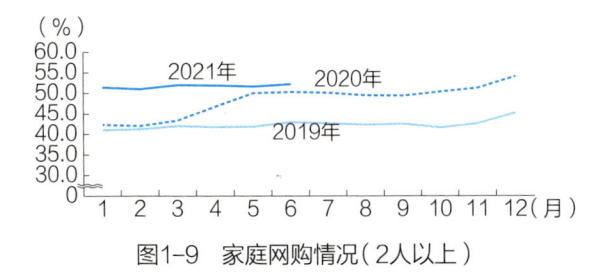

逆风翻盘
后疫情时代中小企业的自救之道

疫情也给乐天市场带来了巨大的利益。

2020年10—12月,乐天市场的流通总额同比增长了45.2%,2020年度的新用户同比增长了27.6%,由于宅家消费,乐天成功吸纳了很多网购新用户。

2020年亚马逊在日本的事业也很顺利,销售额达到了21893亿日元(按照2020年的平均汇率换算,1美元=107日元),同比增长25.5%(图1-10)。他们没有公布在日本的流通总额,不过加上AWS(Amazon Web Services)等云服务业务的话,估计已经突破3万亿日元。

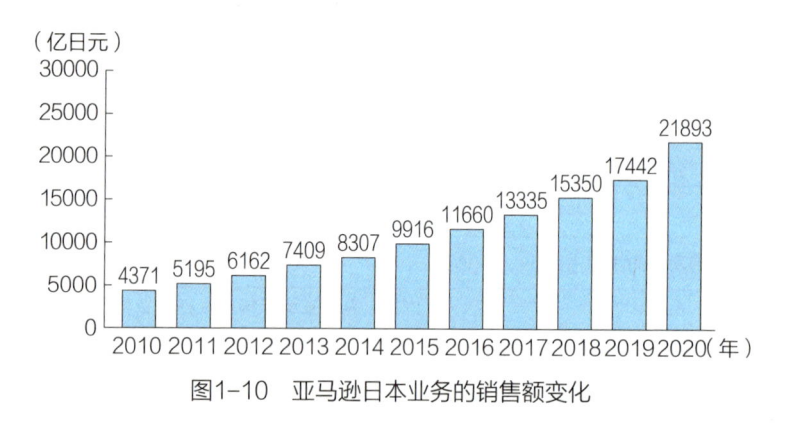

图1-10　亚马逊日本业务的销售额变化

本图根据美国亚马逊公布的年度报告制作而成,是按日元计算的日本业务的销售额变化(按照年平均汇率换算成日元)。由于疫情,2020年销售额剧增。

(出处)网店负责人论坛

不只是大型电商,公司独立运营的网店也生意兴隆。

贝斯(BASE)公司提供电商平台和结算服务,2020年全年的销售额达到了82亿8800万日元，同比增长了115.3%。

第4季度新开设的网店数量同比增长了88%，截至2020年12月，累计开店数量超过了130万家。

由于疫情，消费者减少了外出，卖家很难与顾客面对面接触，网络销售的确成了零售业的救世主。

线下的消费被线上取代，以前没有开展网络销售业务的企业也高呼数字化转型，迅速开始准备网店开张事宜。

▶▶ 通过网络销售获利的企业占35%

但是，市场扩大与企业赚钱是两码事。

根据2020年7月日本经济新闻社公布的零售业调查报告，发现通过网络销售"获得了利润"的企业仅占35%。

由于调查的时间段是2019年5月到2020年4月之间，这个结果还没有反映疫情带来的销售增长，不过与市场整体的增长率相比，通过网络销售实现盈利的企业似乎有点少。

出人意料的是，网络销售占整体销售额的比例也很低。调查显示，参与调查的企业不到1%或者1%~3%的占一半左右，超过20%的企业还不到一成。由于疫情的影响，在2021年实施的该项调查中，这个比例预计会发生很大变化。但是，从现在这个比例来看，要想用企业的电商业务的销售额弥补实体店的销售额，企业似乎还有很远的路要走。

▶▶ 销售额只集中在部分网店的原因

为什么在电商业务中能够获利的企业很少呢？

我能想到的一点就是销售额只集中在极少数企业手里。

在网上做生意，哪些网店被检索出来的次数多、价格便宜，顾客就容易流向哪里。换句话说，如果企业没有技术力量保证在搜索引擎的曝光率，或者无法在网络广告上投资，那就不会被消费者注意到；如果企业没有低价销售商品的实力，就无法在电商市场存活下去。

信息技术企业拥有网络销售的技术，资金雄厚的企业有价格优势，销售额全被他们抢走了，其他企业连残渣都得不到。因此，造成了极少数企业垄断销售额的状态。

▶▶ 鲜为人知的网购用户老龄化问题

通过网络销售很难获利的另一个原因是网购的消费者群体已经固定化了。

根据2020年《日经MJ》开展的网络生活万人大调查，各个年龄层中，60岁以上的人尤其喜欢通过网络购物。

比起其他年龄层，他们通过网络购买了更多生活用品、礼品、医药品、保健品等，尤其是购买食品和饮料的人占比高达46.8%，比所有年龄层的平均购买比例高出了8.2个百分点。

我们再来看一下网络购物的全年消费额，40多岁的人消费最

第1章
战胜疫情的公司，在疫情下消失的公司

多，人均为30万日元，60岁以上的人也在网络购物中人均消费了22万日元。

他们在礼品、兴趣/娱乐、旅游等方面的消费额比其他年龄层更多，很明显60多岁的人更加依赖网络购物。

反过来，年轻人利用网络购物的比例偏低。

20多岁的人利用网络购物比例超过三成的商品只有时装。16～19岁的人在乐天市场购物的比例仅占三成。

另外，十几岁和二十几岁的人当中，利用跳蚤市场应用软件和ZOZOTOWN[①]的比例超过了20%，而60多岁的人利用率只有5%。

分析一下不同年龄层使用网络购物的情况，你就会发现电商市场的消费者以60多岁的老年人为主。

虽说是老年人，他们却是数字化一代，习惯了大约20年前出现的网络购物，消费愿望强烈，收入也高。毫无疑问，是他们支撑着如今的电商市场。

但是，那些习惯了网络购物的消费者，同时也是难以应付的顾客。

他们有能力鉴别商品，由于过去有过失败的经历，他们购买失误的可能性很小。因为消费者不能像在实体店里那样把商品拿在手上看，所以很少有人冒险购物。

这样想来，频繁利用网络购物的60多岁的人，他们经常光顾

---

① 日本的品牌服饰网上购物商城。——编者注

逆风翻盘

后疫情时代中小企业的自救之道

的网店已经固定，认为"在这家店购买肯定没错"，估计很少有人想要尝试在其他店购买。

也能很快找到价格最低的店和赠送很多积分的店，但他们不会在新开的陌生网店里购买。

也就是说，支撑电商市场的某一年龄层的消费者只在有限的几家网店购买商品，因此销售额集中在排名靠前的网店，其他网店很难获得新顾客。

乐天市场和雅虎商城每年都会表彰那些业绩优异的网店，获奖的店铺总是那些老面孔，一想到原因在于销售额集中在部分网店、顾客群体已经固定，我们也就不难理解这一现象了。

没有网店可以匆忙之间趁着疫情发财

疫情使电商市场急剧扩大，给很多网店带来了好处，这是事实。

在2020年的母亲节商战中，销售额同比增长80%的网店比比皆是。我的客户当中，也有一家网店在疫情开始后的一年里赚到了过去5年的利润。

但是，如果你仔细看一下那些在疫情中业绩良好的网店，就会发现它们都是以前就着力发展电商业务的企业，都很擅长网络销售。

最近才突然开始开网店，就能立刻趁着疫情的需求泡沫提升销售额的企业基本不存在。

第1章
战胜疫情的公司，在疫情下消失的公司

后疫情时代，很多企业打算开始电商业务，但是很遗憾，你要知道只有一部分企业可以创造新的销售业绩。

▶▶ "开业前咨询专家""改变所售商品和销售方式""投资"

如果你今后打算开始电商业务，希望你注意以下3点：

• 开业前咨询专家

网络销售是一种容易让人产生错觉的业务，每个人都觉得"自己也可以做到"。它看似简单，其实市场结构很复杂，没有经验的人不容易把握市场的总体情况。在开店之前，最好咨询一下有运营网店经验的人或者经营管理顾问，努力收集相关信息。

• 改变所售商品和销售方式

如果你不动脑筋，将现在实体店销售的商品直接搬到网上去卖，就很难提升销售额。你需要调查存在竞争关系的网店，思考怎样做才能吸引顾客购买，在所售商品和销售方式上下功夫，做到与众不同。

• 投资

越来越多的大企业开始正式投身网店业务，它们在预算方面很宽裕，不惜投入大量人才和资金。那些被逼得走投无路、妄想通过网络销售起死回生的企业，几乎没有成功的先例。小型企业或店铺想要有所建树时，要么投资招募熟悉网店运营的人才，要么投资提升商品的竞争力，最好集中力量突破一个点，这样更容易创造业绩。

逆风翻盘
后疫情时代中小企业的自救之道

如果你实在是既没有预算也没有人才,还想开展网络销售业务的话,我建议你针对常客开一家封闭式网店。网络销售往往要在吸引顾客方面花很多钱,如果是把商品卖给以前就拥有的客户,那么就可以用较少的投资在短时间内创下营销业绩。

接下来,从第2章开始,我想结合实际案例讲一下操作方法,看一下那些企业和店铺怎样在疫情之下与逆境抗争。

希望大家通过真实的案例,学习在逆境中生存的技巧。

> **在逆境中生存的公司**:虽说网络销售市场在发展,却不轻易一哄而上,而是冷静地思考自己胜出的方法。
>
> **在逆境中消亡的公司**:误以为只要进军飞速成长的市场,自己也能赚钱。

第2章

颠覆行业理论、战胜逆境的"反常识战略"

逆风翻盘
后疫情时代中小企业的自救之道

"想试一试"的意愿，会把逆境转化为机遇

>> 善于应对逆境的公司唯一的共同点

在逆境中逐渐消亡的公司，往往会过早放弃"做不到的事情"。

例如，有人提议通过社交网络吸引顾客，结果当场遭到否定，理由是"我们公司办不到"。

即使公司确定了向媒体发稿的宣传战略，也有不少人置若罔闻，摆出一副事不关己的态度，说"这个主意听上去不错，不过我们公司没办法实施"。

如果一家公司经过深入考虑之后得出"办不到"的结论，那它还有可能在逆境中艰难地生存下去。

但是，那些不善于应对逆境的公司根本不动脑筋思考。

他们就连接纳建议的态度都没有，仿佛别人提议的战略违反了常识。

那些不善于应对逆境的公司，即使遇到"办不到"的问题，也不会去想"怎样才能办到"。

反过来，对于那些善于应对逆境的公司来说，"办得到的事"和"办不到的事"之间没有分界线。

即使看上去不符合公司情况的"办不到的事"，他们也会转变观念，毫不犹豫地与逆境抗争，觉得"说不定能办到"。

如果公司鼓励消除办得到与办不到之间的界限，就能激发员工的挑战精神和独特创意。

第 2 章
颠覆行业理论、战胜逆境的"反常识战略"

▶▶ 日本年轻人的自我肯定感全球最低

为什么那些不善于应对逆境的公司动不动就在"办得到的事"和"办不到的事"之间划清界限呢?

我能想到的原因就是整个公司的自我肯定感低下。

动辄主观断定"我们公司办不到""我们的员工不行",就是在面对挑战时放弃竞争的主要原因。

这与最近的年轻一代自我肯定感低下的现象非常相似。

根据日本财团2019年的调查,我们发现与其他国家相比,日本年轻人的自我肯定感很低(图2-1)。

认为"自己是大人"的日本年轻人低于30%,回答"自己有责任"的人甚至还不到一半。

另外,在日本的年轻人当中,回答"对将来怀有梦想""想解决自己国家存在的社会问题"的比例比其他国家低了30%左右,"认为自己可以改变国家和社会"的人只占20%左右,其余八国当中韩国的比例最低,却也是日本的两倍以上。

为什么日本年轻人的自我肯定感这么低呢?

虽然这只是假说,我感觉在经济增长速度减缓的社会中长大的孩子存在自我肯定感降低的倾向。

在经济增长显著的中国和印度,年轻人的自我肯定感较高;在经济稳定的美国、德国和英国,也得出了较高的数字。

在中国、印度和印度尼西亚,之所以有很多年轻人认为"自己可以改变国家和社会",是因为在经济形势良好的社会中,人

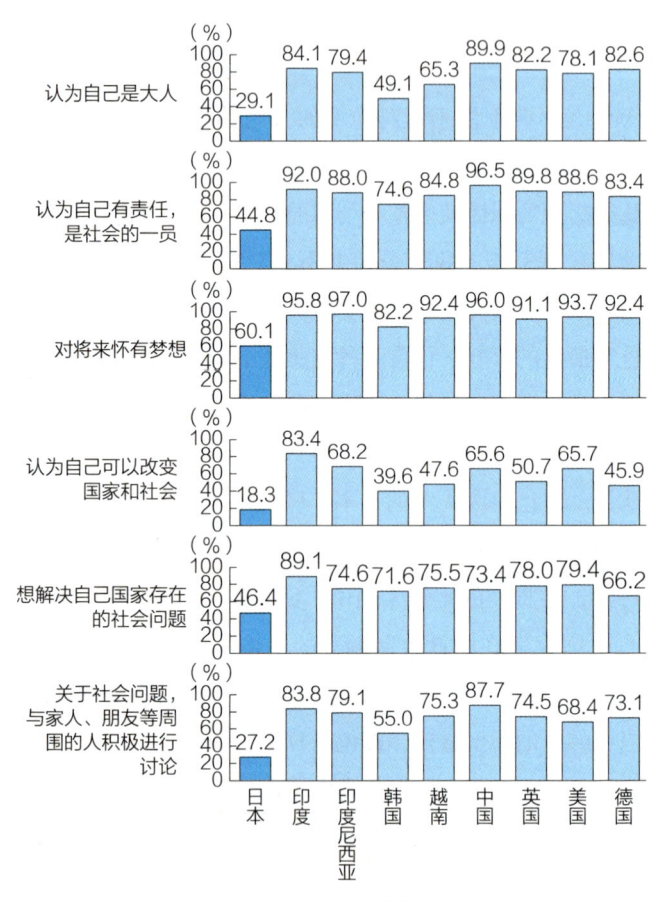

逆风翻盘
后疫情时代中小企业的自救之道

项目	日本	印度	印度尼西亚	韩国	越南	中国	英国	美国	德国
认为自己是大人	29.1	84.1	79.4	49.1	65.3	89.9	82.2	78.1	82.6
认为自己有责任,是社会的一员	44.8	92.0	88.0	74.6	84.8	96.5	89.8	88.6	83.4
对将来怀有梦想	60.1	95.8	97.0	82.2	92.4	96.0	91.1	93.7	92.4
认为自己可以改变国家和社会	18.3	83.4	68.2	39.6	47.6	65.6	50.7	65.7	45.9
想解决自己国家存在的社会问题	46.4	89.1	74.6	71.6	75.5	73.4	78.0	79.4	66.2
关于社会问题,与家人、朋友等周围的人积极进行讨论	27.2	83.8	79.1	55.0	75.3	87.7	74.5	68.4	73.1

图2-1 9个国家年轻人的意识调查

通过面向中国、美国、印度、日本等9个国家的17~19岁的1000名男女进行的调查,我们发现,与其他国家相比,日本年轻人对自己缺乏自信。相比之下,中国和印度的年轻人自我肯定感非常高。

(出处)日本财团

第 2 章
颠覆行业理论、战胜逆境的"反常识战略"

们的自我肯定感容易提高,认为自己也"可以做点儿什么",在这样的环境下,人们的思想会更加积极向上。

反观日本的年轻人,自出生以后从未亲眼看见日本经济增长的画面。

这些年轻人出生在2003年前后。

泡沫经济崩溃之后,日本的经济一直处于停滞不前的状态,人们从未经历令生活水准提高的事情。

在这样的背景下,要求人"对自己有信心"似乎太苛刻了。

如果一个人长大以后生活也不会变得富裕,他就不可能想长大。

当一个人生活在没有任何好转迹象的社会里,他就很难拥有自己的梦想,也不会产生改变社会的想法,这也是无可奈何的事。

》 由于长期不景气,日本人开始讨厌自己的公司

不善于应对逆境的公司与年轻人这种自我肯定感低下极为相似。

如果一个人缺乏成功的经历,没有成长的记忆,他就会觉得很多事都不可能实现。

一旦员工只把办得到的事当作常识,把办不到的事当作脱离常识的事,他们很快就会劝自己不要挑战新事物,什么都不做便是上上策。

没有人会喜欢不出业绩的公司。

逆风翻盘
后疫情时代中小企业的自救之道

不善于应对逆境的公司的管理者不喜欢自己的公司，在那里工作的员工也不可能喜欢自己的公司。

调查结果显示，日本的年轻人对日本的将来不抱什么希望。同样道理，不善于应对逆境的公司管理者不相信可以通过自己的想法和行动改变公司的现状，所以面对逆境时就会放弃抗争。

▶▶ 年出货80万瓶。意式餐厅成为全日本的调味汁供应商

那么，如果员工有强烈的自我肯定感，公司会发生变化吗？在这里，我想给大家介绍一个有趣的案例。

森泽锭二总经理曾在位于高知县高知市的意式餐厅"格拉采米莱①"担任店长兼主厨，为了让孩子们多吃蔬菜，他使用当地产的蔬菜开发了"富含胡萝卜的调味汁"。

该调味汁很快就成了店里的招牌产品，也开始在当地超市销售。

后来该产品在经销商之间颇受好评，客户急剧增多。从此打开了销路，从北海道到冲绳，在全日本的超市都卖得很火。

2020年，他把经营了13年的餐厅关掉了，如今开办的两家工厂每年生产80多万瓶调味汁。像他这样从以接待顾客为主的餐饮店转型从事商品销售业务，却能扩大销路、取得成功的案例可谓罕见。

---

① 意大利语Grazie Mille的音译，意思是非常感谢。——译者注

第 2 章
颠覆行业理论、战胜逆境的"反常识战略"

森泽总经理是怎样做到的呢？

"总之就是往卖场跑。举办试吃活动，不仅要招待好顾客，还得和卖场的工作人员搞好关系。"

实际上，在产品知名度很低的时候，只要餐厅那边一有空，森泽总经理就会亲自前往当地的超市，举办试吃活动。

这是格拉采米莱的森泽锭二总经理。将餐饮店销售的商品销往全国各地的案例极为少见。

森泽总经理说："做烹饪的人待在店里会更舒适。可是，做销售的人必须从店里走出去，和卖场的销售人员建立联系。这个区别非常大。"

2020年4月和5月公司的营业额受到了疫情的影响，后来情况出现了反转，结算时刷新了历史最高收益纪录。

他打算在2021年成立大阪办事处，2022年在东京也设立办事处。

疫情出现之前，他们公司开展跨境销售业务，产品销往20个国家。如今，曾受疫情影响的跨境销售业务也出现了恢复的势头，而且俄罗斯和加拿大也开始销售他们的产品了。

据说今后森泽总经理会亲自前往海外的卖场，在试吃会现场推销产品。

小公司的商品如何在全国打开销路

很多企业向笔者咨询，说想扩大自己公司产品的销路。

如果超市或者零售店肯摆放自己公司的产品，就会有顾客购买，销售额也会增长。只要不停地增加销售场所，销售额就会连续翻倍。

很多厂家对这种简单明了的战略抱有幻想。

但是，现实很残酷。

小公司的商品缺乏知名度，不知道能不能卖出去，要想让店铺摆在货架上，除了商品本身质优价廉之外，还需要营销能力。

业务员必须努力和店铺交涉，让店铺把商品摆在货架上，或者摆在店铺前显眼的地方。

如果你在这方面懈怠，马上就会被大公司挤走，因为他们的商品无论在价格方面还是产品实力方面都更有优势。

无论信息技术多么发达，卖场的交涉都是人和人的较量。

小公司要想扩大销路没那么容易，不可能通过电子邮件或网上聊天就谈成交易。

第 2 章
颠覆行业理论、战胜逆境的"反常识战略"

格拉采米莱的森泽总经理认清了这一现实,所以才会亲自前往卖场,举办试吃活动,努力缩小与顾客以及卖场工作人员之间的距离。

一般人都想不到,意式餐厅的老板竟然会去卖场举办试吃活动。

即使卖场拜托老板来组织试吃活动,大多数人也会拒绝,表示"办不到"。

别人都认为餐饮店没办法开展商品销售业务,而森泽总经理勇往直前,相信自己"办得到",所以才获得了成功。

正因为他相信自己,肯定自己,才能收获这样的结果。

▶▶ 通过"写"提高自我肯定感

大家要丢掉常识中的"办不到",相信不符合常识的"办得到"。但是怎样才能培养这种自我肯定感呢?

有一个简单的方法,就是养成"写"的习惯。

博客、脸书、推特等,在哪里写都行。写传统意义上的日记也可以。

通过书写自己的心情,你就可以冷静地整理自己的想法,明白应该采取怎样的行动。

这样一来,你就会有信心实施新的行动,自我肯定感会逐步提升,由觉得"办不到"转为相信"办得到"。

归根结底,自我肯定感就是"喜欢自己的程度"。

逆风翻盘
后疫情时代中小企业的自救之道

喜欢提升销售业绩的自己。

喜欢领导有方的自己。

喜欢得到众人信任的自己。

工作能力强的人，是为了一直喜欢自己，而在商务往来中倾尽全力，仅此而已。

说句比较片面的话，那些特别喜欢自己的自我陶醉型的人更擅长应对逆境。

反过来，那些不喜欢自己的人，由于自我肯定感很低，他们认为"反正肯定行不通"，很快就会放弃。但是，反过来一想，只要你喜欢上自己，自我肯定感就会提高，就能成为善于应对逆境的人。

通过在社交网络上书写自己的想法，你就能客观地看待自己，尽可能地多爱自己一点，就能很快抓住提高自我肯定感的契机。

希望大家抱着试试看的想法，养成"写"的习惯，为了成为善于应对逆境的人，迈出第一步。

在逆境中生存的公司：能够培养一批这样的人才——哪怕在别人看来"办不到"的事，他们也能坚信自己"办得到"。

在逆境中消亡的公司：不相信自己公司的潜在能力，还没开始做就选择放弃。

第 2 章
颠覆行业理论、战胜逆境的"反常识战略"

没有变不可能为可能的思维方式，就无法战胜逆境

▶▶ 77%使用视频播放服务的人每月花费"0日元"

观看网络视频的人数正急剧增加。

根据《日经MJ》2020年开展的第9次网络生活万人大调查，46%的人回答"曾在网上观看视频"。与2019年的调查相比，增加了3.5个百分点。

另外，根据应用软件分析公司富勒（FULLER）所做的调查，2020年政府发布紧急事态宣言后，黄金周期间的日平均活跃用户数与发布紧急事态宣言之前的4月1—7日相比，增加了7.5%。综观所有应用软件，"油管"（YouTube）的活跃用户增加的数量最多（表2-1）。

表2-1　日本政府要求全国同时停课、实施紧急事态宣言期间的应用软件（App）使用排行榜

位次	要求全国同时停课期间 （2月27日—4月6日）	发布紧急事态宣言期间 （4月7日—5月3日）	宣告延期至全面解除前 （5月4日—5月22日）
1	雅虎日本	谷歌云盘	"油管"
2	"油管"	"油管"	谷歌云盘
3	d菜单①新闻	乐天市场购物应用软件	谷歌邮箱
4	智慧新闻（SmartNews）	谷歌邮箱	乐天市场购物应用软件
5	谷歌云盘	雅虎日本	d菜单新闻

① 日本电信公司NTT DOCOMO提供的智能手机应用软件，提供新闻浏览、医疗保健、支付等服务。——编者注

逆风翻盘
后疫情时代中小企业的自救之道

续表

位次	要求全国同时停课期间 （2月27日—4月6日）	发布紧急事态宣言期间 （4月7日—5月3日）	宣告延期至全面解除前 （5月4日—5月22日）
6	煤炉[1]（Mercari）	智慧新闻	ZOOM 云会议
7	d 菜单	d 菜单新闻	智慧新闻
8	sp 模式邮件	ZOOM 云会议	d 医疗保健[2]
9	谷歌（Google）	d 菜单	d 菜单
10	体育导航棒球快讯	雅虎防灾快讯	谷歌教室（Google Classroom）
11	谷歌邮箱	DS 应用商店应用软件	雅虎防灾快讯
12	PayPay[3]	谷歌	"照片墙"
13	谷歌浏览器	新闻摘要	DS 应用商店应用软件
14	NHK[4]新闻/防灾	"照片墙"	谷歌
15	推特	亚马逊精品视频	亚马逊精品视频
16	d 支付[1]	推特	Piccoma[5]
17	"照片墙"	谷歌浏览器	新闻摘要
18	亚马逊购物应用软件	d 医疗保健	动物之森口袋露营广场[6]
19	乐天市场购物应用软件	雅虎浏览器	Cookpad[7]
20	au PAY[8]	NHK 新闻/防灾	雅虎日本

　　2020年2—5月日本政府要求全国同时停课、实施紧急事态宣言期间的应用软件日平均活跃用户数（DAU）的增加数排名前20。"油管"名列前茅，由此可见居家时适合观看网络视频。

（出处）富勒

---

① 日本的二手交易平台。——译者注
② 日本电信公司NTT DOCOMO提供的智能手机应用软件，提供新闻浏览、医疗保健、支付等服务。——编者注
③ 日本的知名在线支付平台。——译者注
④ 日本广播协会的简称。——译者注
⑤ 来自韩国的网络漫画平台。——译者注
⑥ 任天堂开发的一款模拟生活体验手机游戏。——译者注
⑦ 日本最大的家庭美食交流社区，上面拥有丰富的料理食谱。——译者注
⑧ 日本本土的移动支付平台。——译者注

第 2 章
颠覆行业理论、战胜逆境的"反常识战略"

通过这一数据我们也能发现,居家时非常适合观看网络视频。

但是,对于想提高销售业绩的服务平台来说,消费者在疫情期间经常看视频并非只有好处。

《日经MJ》的这项调查显示,在网上看视频、玩游戏的人当中,大约八成并不充值,而是免费使用。

另外,在网上观看视频的人平均每月支付的费用很低,为381日元,虽然比1年前增加了25%,但是77.2%的用户每月花费的金额为"0日元"。

也就是说,他们之所以在网上看视频,不只是因为疫情期间出不去,更重要的原因是"不花钱就能快乐地打发时间"。

利用网上的免费内容打发时间的人增多以后,不仅会影响网上的消费,还会造成现实中的消费低迷。

▶▶ 网络视频抢走了地方城市的生意

比起大城市,小地方的人更喜欢利用网上的免费内容打发时间。

该调查将人口数量排前5名的都府县[①](东京都、神奈川县、大阪府、爱知县、埼玉县)叫作"大城市",将其余42个道府县叫作"小地方"。通过比较,我们发现小地方的人用来上网消遣的时间比大城市长5~7分钟,工作日的上网消遣时间平均为2小

---

① 都道府县是日本的行政区划,相当于中国的省、自治区、直辖市。分为1都(东京都)、1道(北海道)、2府(大阪府、京都府)和43县,此处不涉及北海道,故使用"都府县"的说法。——译者注

时54分钟，而休息日则为3小时45分钟。

我们先比较一下上网目的，用于"读书、玩游戏、看视频、听音乐"的时间，小地方比大城市长8.4分钟。再比较一下上网的具体活动，利用"油管"、亚马逊精品视频等提供的"视频播放服务"的比例为73.9%，玩网络游戏的比例为31.1%，调查结果发现，在这两项具体活动中，"小地方"均比"大城市"高出了2个百分点。

地方城市的休闲、购物等设施较少，无须花钱就能打发时间的网络视频，给实体店的消费造成了很大影响。

由于疫情，消费者不再出门逛街，当他们意识到"观看网络视频的话既不用花钱还能打发时间"这一现实后，在争夺用户的可支配自由时间时，很多服务就会输给智能手机上的网络视频。

约四成用户曾在油管上搜索商品

对于很多业务来说，网络视频的普及属于不利因素。

如果人们把外出就餐的时间、购买服装的时间全都用来观看视频，就会造成消费衰退。

但是，既然看视频的人增多了，如果你通过视频发布商品或服务的信息，也有机会抓住新的消费者。

网红研究所[1]针对293名观看过网络视频的30多岁女性进行

---

[1] "网红研究所"是日本社交网络媒体营销网站株式会社萨伊博巴兹（Cyber Buzz）的分支机构，调研并公开网络流行信息，供企业营销参考。——编者注

第 2 章
颠覆行业理论、战胜逆境的"反常识战略"

了一项调查,其中有一个问题是"你曾经在'油管'上搜索过感兴趣的商品吗?",大约四成的调查对象回答了"搜索过"。另外,针对订阅了相关频道的104人提出的问题是"你是否购买过订阅的'油管'频道中介绍的商品",结果有一半人回答"购买过"(图2-2)。

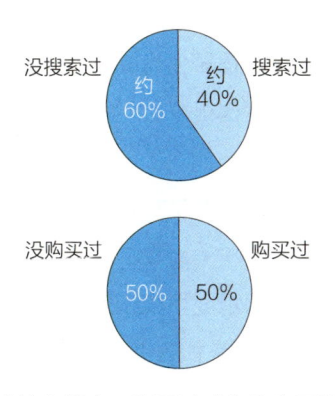

图2-2 在油管上搜索、购买过感兴趣商品的消费者比例

　　这是以30多岁的女性为对象开展的关于"油管"的调查。我们可以发现视频能促进销售。因为这是2018年的调查结果,疫情开始之后,通过视频购买商品或服务的人估计会更多。
(出处)株式会社萨伊博巴兹"30多岁女性使用油管的实况调查"(2018)

灵活运用视频的企业案例也在增多。

有的服装企业因为疫情造成了销售额下滑,后来通过网络直播带货创造了数千万日元的销售业绩。还有通过健身视频使用户数量增加了10倍以上的案例。以疫情为契机,灵活运用视频的企业在增多。

但是,无论什么样的企业都能通过视频提高销售额吗?事实并非如此。

在网络销售战略当中，使用视频促销的难度格外高。

"拍摄技术""出场人物的演技""后期技术"，除了需要这3个要素，视频促销还要求运营方具备一定的市场营销能力，能够增加播放次数和订阅频道的人数。

另外，跟在社交网络发布信息相比，制作视频要花更多时间、精力和成本，而且很难转化为收益，因此现实情况是通过活用视频取得成功的企业案例很少。

》》 书店通过视频频道捕获7万粉丝客户的心

虽然制作视频内容的难度很高，但是在这样的逆境之中，也有企业选择迎难而上。销售书籍和文具的书店"有邻堂"（横滨市中区）就是通过发布在"油管"的视频内容赢得了人们的关注。

据说"油管"的视频频道，如果半年期间订阅人数达到5000人的话就算优秀水准了。而仅用了1年时间，有邻堂的订阅人数就突破了4万人。2021年7月订阅人数达到了7万人，每天该频道观看视频的总人数有3万~5万人。

他们每次上传视频都能稳定收获超过3万次的播放量，其中还有多个热门视频的播放量超过了40万次。

如果商品独具特色，或者是该店提供了独家服务，则容易吸引粉丝，也容易再增加订阅人数。

但是，有邻堂经营的是常见的书籍、文具和杂货，却通过视频捕获了众多狂热的粉丝客户，那么它是怎样做到的呢？

第 2 章
颠覆行业理论、战胜逆境的"反常识战略"

"一开始总是不成功。"

说这话的人是店铺促销科的渡边郁。据说当初发布的视频是对书籍内容的概括,但是播放次数没有增长,负责制作的工作人员也不开心。

于是他提出了改善方案——"制作有趣的视频"。

频道的名称是"只有有邻堂才知道的世界"。书店通过视频提高了揽客能力,这一案例在业界受到了广泛关注。

如果视频内容没意思,就不会有人看。因此,他们的团队拿出了好几套策划方案,苦苦思索自己能够做到的有意思的事。

最终脱颖而出的两个概念是"对谈"和"专业"。比起一个人滔滔不绝地讲,两个人闲聊的形式更容易活跃气氛。熟悉书籍或文具的员工出现在视频中,满怀热忱地介绍产品,会显得更有意思。

然后,把频道的名字改为"只有有邻堂才知道的世界",会给人留下深刻的印象。他们以角鸮为灵感创作了一个名叫"R. B.

书太郎"的卡通形象，令其担纲主持工作。

该频道于2020年6月底转变风格，后来逐渐成为街头巷尾热议的话题，2021年2月被网络新闻报道以后，人气大增。

尽管是有邻堂的官方形象，R.B.书太郎却吐槽说："在亚马逊买更便宜吧？"它对于店内销售的食品，也发表了辛辣的评价："这是从冰箱下面捡起来的腌萝卜吧？"这种过于欠缺考量的对话别具一格，反而打动了观众。

渡边说："视频的观看人数超过3万人以后，开始有观众来到店里，视频中介绍过的商品的销售额也有了增长。我们在伊势佐木町总店拍摄，那里成了网红打卡地，频道的粉丝顾客特意来店里参观，员工也亲身感受到了频道宣传的效果。"

有邻堂和R.B.书太郎在视频促销中势如破竹，捷报频传。

▶▶ "将没意思变成有意思"的原理和原则

一般而言，公司在尝试制作视频后发现没有意思就会放弃。

但是，有邻堂与众不同。他们看了没意思的视频之后，便深入思考自己怎样能够制作出"有意思"的视频，这才大获成功。

这是摆脱逆境的重要思路。

估计有很多人按照常识判断，得出"不可能"的结论后，就会放弃思考。

但是，如果你怀疑这个常识，就可能会产生新的想法，变不可能为可能，找到摆脱逆境的突破口。

例如，疫情期间，旅馆通常会认为："游客害怕感染，所以不会来住宿。"

但是，如果你丢掉"担心感染"的想法，改为"如何预防感染"的思路，游客就有可能来住宿。

比如提供包租方案、在室外打造豪华露营设施，这些做法虽然不能确保万无一失，但是脱离了常识的束缚，这样一来我们就能发现战胜逆境的新的商业构想，使不可能变为可能。

当然了，因为要变不可能为可能，你就会碰到一个又一个难题，比如：

"没办法把旅馆包租出去。"

"不清楚怎么打造豪华露营设施。"

但是，你把这些不可能的障碍一一解决掉就可以了，就这么简单。

如果你没办法一直将旅馆包租出去，那就只在工作日提供包租方案；如果你不清楚怎么打造豪华露营设施，那就到附近的豪华露营设施去参观，应该能学到打造方式和运营方法。

要想拿出战胜逆境的方案，你就不要考虑办得到的事，而是要首先考虑办不到的事，然后把办不到的因素逐一排除，这种思维方式更容易形成有突破力的企划方案。

将动辄说"办不到"的人从会场赶出去

希望大家再回顾一下商讨企划方案时的会议情形。

大家是不是一遇到难题，就光提出"办得到"的方案？

如果你极力削减人数、最大限度地压缩成本、只采用稳妥的企划，那么永远都找不到克服逆境的方案。

希望大家能从拿出"办不到"的方案开始改变。

"无法实现"的创意才是让销售额逆风翻盘的最佳提示。

以这个创意为起点，逐一找出办不到的原因，思考如何才能办得到，将问题——解决掉，自然而然就能找到打破逆境的战略，从"山重水复疑无路"到"柳暗花明又一村"。

> 在逆境中生存的公司：能够在会上积极提出"无法实现"的创意。
>
> 在逆境中消亡的公司：在会上动辄就说"办不到"，否定一切可能性。

背离常识，为何适合逆境？

▶▶ 迄今为止的"常识"瞬间会变得"不合常理"

2020年11月至12月，NHK实施了一项舆论调查，回答"外出时看到不戴口罩的人，会感到担心"的人达到了87%。

以前在盛夏时节看到戴着口罩的人，人们会感觉有些奇怪，

第 2 章
颠覆行业理论、战胜逆境的"反常识战略"

但是由于疫情，不戴口罩反倒显得"不合常理"了。

不止这一件事，疫情还改变了我们的很多常识。

不能跨县出行，禁止举办人群聚集的活动，休息日不出家门半步，这些都成了常识。

疫情开始之后，商业的常识也发生了很大变化。

所有店铺都不能大规模招揽顾客了，员工都戴着口罩，看不清脸。

禁止提供酒水，禁止长时间交谈，顾客与员工被透明的塑料薄膜隔开。

疫情之前被认为是"常识"的经商方式，仅仅过了几个月，就变得"不合常理"了。

亲眼看见这样的现象，不禁令人思考常识究竟是什么。

在网上搜索"常识"这个词，出来的解释是"一般的社会成员共同持有或者应当持有的普通知识、意见和判断力"。

也就是说，常识是"一般的社会成员"创造出来的东西，因此判断眼前发生的现象是否符合常识，其实没什么必要。

例如，进店前给顾客检测体温的行为，在疫情之前属于"不合常理"的待客方式。

但是，现在一般的社会成员都认为"进店前最好测一下体温"，因此测体温合乎"常识"，不测体温就"不合常理"了。

昨天的常识，到了今天就变得不合常理，这样的现状不由得令人再次反思，我们的常识何其脆弱。

逆风翻盘
后疫情时代中小企业的自救之道

最短30分钟，挑战医疗常识的廉价脑部检查

我给大家介绍一个颠覆世间常识的案例。

脑部检查的市场价格原本是4万~5万日元，位于东京都中央区的"智能扫描公司"提供的服务破坏了市场价格，使其降到了2万日元以下，震惊了业界。

该公司的总经理滨野斗百礼说："脑部检查的费用太高，一般人不敢随便接受检查。我觉得如果能够降低检查费用，大巴事故也会减少。"

他在大型信息技术企业上班时，负责大巴的网上调度工作，当时得知很多长途大巴的司机因为脑血管疾病引发了交通事故。

守护大巴司机的生命，大巴事故也会减少。这样一想，滨野总经理立刻前往医院游说。

但是，拍摄脑部剖面图的MRI[①]科室全都拒绝了他，说没余力给健康的人做检查。

"既然如此，我只好亲自上阵了。"

滨野总经理辞去公司的工作，开始创业。他得到了医师及社会各界人士的协助，在东京的银座开设了专门做脑部检查的医学检查工作室。

脑部检查的费用是含税共19250日元。之所以能实现这么低的价格，是因为他对医疗行业的常识持怀疑态度。

[①] 磁共振成像，广泛应用于物理、化学生物、医学临床检测等领域。——编者注

第 2 章
颠覆行业理论、战胜逆境的"反常识战略"

滨野总经理说:"医学检查有个常识,就是患者需要换衣服。但是,专门做脑部检查的话,就不需要换衣服了,这提高了工作效率。检查本身大概10分多钟就做完了。"

因为在网上可以同时完成预约和问诊,检查之前的时间也大幅度缩短了。

结果,从进入医学检查工作室到检查结束,总共只需要30分钟左右。客人趁着午休时间就可以做一次脑部MRI检查。

滨野总经理利用在信息技术行业积累的经验,努力改善医疗服务。

这里的营业时间很长。在工作日的晚上8点之前、周六和周日的晚上7点之前都可以检查。颠覆了医院只在工作日的白天提供检查服务这一常识。

即便如此，检查的过程却没有任何偷工减料。

由3名专业的医生组成了双重或三重检查体制，再加上利用人工智能（AI）进行影像诊断，检查的水平非常高。

工作室通过电子邮件发送检查结果，如果脑部存在什么问题，还会给患者介绍脑科医生，迅速应对。

滨野总经理说："我们调查了人们对医疗机构的服务有哪些不满以及存在的负面因素，并逐一消除，因为我们希望顾客轻松愉快地接受检查。"

开业还不到1年时间，来检查的人就突破了14000人。截至2021年4月，累计达到了48000人。

工作室原来只有银座一处，后来又在东京都新宿区、大阪等地共开设6处（截至2021年5月），除了脑部检查之外，还提供含税只需10450日元的肺部和心血管的检查服务。

在大约30%的回头客的支持下，疫情期间的预约情况也呈现恢复态势。

"今后我还想用MRI影像做阿尔茨海默病检查、使用MRI做全身检查。"

滨野总经理颠覆医疗行业常识的挑战还在继续。

拉面店早上5点开始营业，上午就会满客

再给大家介绍一个果断舍弃常识的案例。

位于爱知县丰川市的"拉面宝塔（丰川店）"通常的营业时

第 2 章
颠覆行业理论、战胜逆境的"反常识战略"

间是傍晚6点到凌晨4点,2020年1月20日开始,他们大胆地改变了营业时间,改为早上5点到下午2点。

"我不甘心因为疫情就关门歇业,心想干脆趁这个机会尝试一下各种营业方式。"

说这话的人是老板日比五十次先生。一开始他打算早上6点开门营业,后来跟员工一商量,有人说"早上5点更有意思,能给人留下深刻的印象",于是日比先生和员工都没有多想,就改为清晨开始营业了。

但是,结果却出乎他们的意料。

在附近工厂上夜班的顾客一大早就来店里,早上8点左右店里就很热闹了。这种状态一直持续到午饭时间,直到下午2点关门时,店里都座无虚席。很多客人吃完以后还会再打包带走盒饭和小菜,算下来顾客的平均消费金额基本上没有下滑。

老板日比先生认为,与其关门歇业,还不如挑战新的营业方式,增加销售额。

逆风翻盘
后疫情时代中小企业的自救之道

由于早上就能吃到拉面，当地人亲切地称其为"早拉"，消息在社交网络上传开了，新顾客也增多了。

新的营业时间还成功吸引了原本没机会来店里的当地顾客，住在附近的家庭主妇和上了年纪的顾客感慨说"早就想中午来吃一次了"。现在周末的店里有时候早上9点就人满为患，工作人员反而要为了避免人群密切接触煞费苦心。

日比先生说："有时候销售额跟改变营业时间之前差不多。"

现在该店的营业模式是在下午6点到深夜2点营业的同时，早上5点到下午2点也保持营业。

"我发现如果两班倒的话，早上和晚上就能高效地周转开来。如果不是发生疫情，我也不会想到早上5点就开门营业。"

日比先生的声音很开朗，他没想到上午拉面的需求这么大，发现了意外的"财源"。

▶▶ 20年前背离常识、勇于挑战的人如今在疫情中如鱼得水

"智能扫描公司"打破了医疗行业的常识，"拉面宝塔（丰川店）"颠覆了拉面店营业时间的常识，他们都相信自己的判断，而不拘泥于普遍的常识，并勇往直前，结果克服了逆境。

当陷入逆境时，能够爬出来的总是那些勇于挑战的企业，他们敢于挑战不合常理的经营方式和商业构想。

例如，2001年进入经济萧条的局面后，网络销售在流通行业逐渐受到人们的关注。

第 2 章
颠覆行业理论、战胜逆境的"反常识战略"

但是，20年前社会上的常识是"无法在网上卖东西"，人们认为在网上卖东西"不合常理"，而那些勇于挑战的人却早早地开了网店，招揽了一批喜欢网购的顾客。

结果，他们在早期就掌握了网络销售的技巧，在搜索排位中也占有优势，因为抓住了固定的客源，也不需要投入巨额的广告费，就能创造稳定的销售业绩。如今，疫情造成的宅家消费需求，让他们的生意更加风生水起。

在令和[①]时代，没有人会说在网络上销售不合常理。

现在开网店的企业很常见，人们反倒开始担心不开网店的企业能不能维持下去。

不知道什么时候常识就会发生变化。

逆境有时正是常识发生变化的节点。面对逆境，我们要及时调整战略，脱离常识，才会有胜算。

▶▶ 舍弃自己的常识的3种方法

生意人必须经常调整心态，丢掉所谓的常识，接受不合常理的事物。

疫情期间，很多人应该都体验过自己的常识不堪一击、轰然倒塌的感觉。

要想吸取这次的教训，就要掌握轻松丢掉常识的技巧。

---

① "令和"是日本于2019年5月1日启用的新年号。——编者注

背离常识的方法有3种。

第1种，平时就要对日常发生的事持有疑问。

哪怕是跟业务无关的疑问也没关系。

例如，当超市的收银台前排着长短不一的队伍时，你可以试着想一下，为什么同一家店的不同收银员面前排队的人数出现了差距呢？

也许是超市管理人员对新人的指导不到位，也许是打零工的老年收银员不能熟练使用新的收银台，这些无人在意的小事当中，往往隐藏着一些能启发你想出"不合常理"的解决方案。

第2种，要有勇气丢掉自己的常识。

因为常识是构建自己的精神世界的东西，所以没办法轻易丢掉。

政治倾向、区别对待、信仰等，全都建立在自己的常识之上。

当常识变得"不合常理"时，就是遭遇了逆境。要想与逆境抗争，必须有勇气立刻丢掉自己持有的常识。

有人认为丢掉常识如同丢掉自己的自尊心，所以很难付诸行动。

但是，如果你丢掉这种所谓的自尊心，能够不带任何偏见地看待这个世界，你的思维就不再受到局限。

第3种，要重视速度。

某个常识可能会很快变得不合常理，而那些不合常理的事物很快又会变成新的常识。

要想把逆境转化为有利因素，你必须看准时机，当周围的人都觉得不合常理时,你要雷厉风行地推行新措施。

平时就做好能够快速丢掉常识的准备,随时都能接受不合常理的事物,这样的店铺和公司才能够把逆境转化为机遇。

> 在逆境中生存的公司:怀疑常识,愿意尝试不合常理的措施。
>
> 在逆境中消亡的公司:自尊心很强,坚信自己的常识就是"正义",认定不合常理的事物有风险。

越是信息来源少的人,越容易局限于自以为是的常识

>> 为跳槽者设计的打破常识的商业模式

职业生涯版莱札谱(RIZAP)[①]。

听到这句宣传口号时,我立刻就产生了认同感。

跳槽是关系到职业生涯的一件大事。如此重要的关头,人们却需要孤身奋战,自古便是如此。

但是,如果有一个机构能像"莱札谱"那样,有私人教练一对一提供职业生涯援助服务的话,人们也许能够在短时间内超实

---

① 日本以减肥为目的的私人健身房。——译者注

逆风翻盘
后疫情时代中小企业的自救之道

力发挥，找到最合适的职位。

位于东京都港区的风险投资公司"珀斯维尔"（POSIWILL）号称"职业生涯版莱札谱"，提供职业生涯援助服务。

珀斯维尔和一般的跳槽服务公司最大的不同点在于站在跳槽者的立场上进行援助。

专属教练首先听取跳槽者的意见，在确定他"想要的生活方式"之后，分析适合他的行业，花两个半月时间全方位支持他的跳槽活动，包括指导面试、制作简历等。

金井总经理通过立足于新视点的商业模式为客户的职业生涯成长提供援助。

"因为跳槽援助公司会从企业方那里收取酬金，所以难免会偏向企业方的需求。他们不会考虑跳槽者'希望怎样'。年轻一代希望给自己的职业生涯投资，但是迄今为止根本没有从他们的

第 2 章
颠覆行业理论、战胜逆境的"反常识战略"

需求出发提供援助的服务。"

正如金井芽衣总经理所说,那些跳槽援助公司看似在帮助跳槽者,实际上支持的是提供职位的企业方。

有不少跳槽援助公司,即使发现职位和跳槽者的期望有些不符、条件存在偏差,也会不顾对方的想法,将职位硬塞给对方。

因此,珀斯维尔打破了人才行业的常识,不收取企业方的酬金,而是从跳槽者那里收取费用,开始了新的商业模式。

因为这是一种前所未有的商业模式,为了让人们快速理解服务的具体内容,他们费尽心思想出了一句宣传口号,就是前面提到过的"职业生涯版莱札谱"。

该公司于2019年开始提供服务,由于口碑良好,顾客不断增多,很快就受到了人才行业的关注。

最受欢迎的是"职业生涯实现计划",含税费用为49.5万日元,绝对算不上便宜,不过得到了年轻人的支持,顾客人数急剧增加,其中20多岁到30多岁的人占了八成。

金井总经理说:"可能是因为疫情让人们开始认真思考自己的职业生涯,所以我们的客户人数增加到了往常的2.5倍左右。"

珀斯维尔将逆境转化为有利因素,还在继续向前跃进。

▶▶ 误判年轻人市场的中老年营销人员

每个年龄段的常识都不一样。

20多岁的人和50多岁的人各有各的常识。

以珀斯维尔的营销模式为例，那些社会经验丰富的中老年人的脑海中估计会闪现一条常识："不可能有人愿意在跳槽上花一大笔钱"。

　　50多岁到60多岁的实业家认为要靠自己的力量跳槽，人才援助公司只是从旁协助，只要他们不打破这种常识，恐怕就很难想到珀斯维尔那种全方位援助跳槽者的服务。

　　但是，实际上20多岁到30多岁的人不介意花钱给自己投资，而珀斯维尔抓住了这个市场，策划了"职业生涯版莱札谱"这一创新服务。

　　我们很难了解到和自己不同年龄段的人们的常识。

　　由于成长的环境和接触的文化不同，即使同一个人，在不同的年龄段，他的想法和喜好也会截然不同。

　　特别是上了年纪的人，对于自己不熟悉的那一代人，往往会凭主观印象断定他们的常识。

　　"现在的年轻人对于物质没什么欲望。"

　　"很多年轻人喜欢享受单身生活。"

　　他们不知道从哪里听来了这些信息，不知不觉间就把它们当成了年轻人的常识，因而常常误判营销战略。

▶▶ 平成一代[①]的成功愿望出人意料的强烈

　　下面有一组有趣的数据。

　　法国佳迪福（Cardif）人寿保险有限公司将调查对象分为三代人：

[①] 1989年以后出生的人。——译者注

第 2 章
颠覆行业理论、战胜逆境的"反常识战略"

20～34①岁为"平成一代"、35～49岁为"迷失的一代②"、50～59岁为"泡沫一代③",调查了他们的生活价值观。结果回答"买车""买房"的人的比例,在各个年龄段之间基本没有差距(图2-3)。

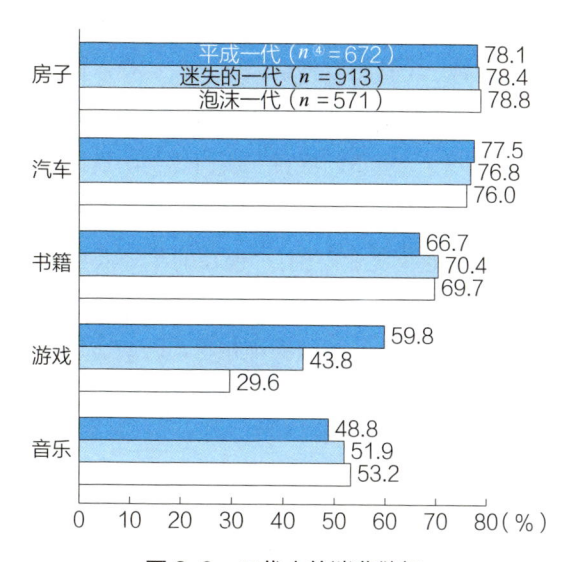

	平成一代(n④=672)	迷失的一代(n=913)	泡沫一代(n=571)
房子	78.1	78.4	78.8
汽车	77.5	76.8	76.0
书籍	66.7	70.4	69.7
游戏	59.8	43.8	29.6
音乐	48.8	51.9	53.2

图 2-3 三代人的消费欲望

购买物品/服务的比例

这是2019年面向全日本2156名男女实施的调查,其中平成一代、迷失的一代和泡沫一代参与调查的人数分别为672人、913人和571人。人们常说年轻人对物质没什么欲望、上了年纪的人对物质的欲望很强烈,实际上三代人对汽车和房子的需求基本相同。

(出处)法国佳迪福人寿保险有限公司

---

① 本调查中的年龄划分标准来自卡迪夫生命保险股份有限公司,与普遍的世代划分标准略有出入。——编者注
② 本书中指1970年到1982年间出生的人。——译者注
③ 1965年到1969年之间出生,泡沫经济时期就业的人。——译者注
④ 调查结果中的n代表样本数。——编者注

067

逆风翻盘
后疫情时代中小企业的自救之道

想买房的人所占的比例基本相同，平成一代占78.1%、迷失的一代占78.4%、泡沫一代占78.8%。想买车的人所占的比例也差不多。

估计有很多中老年人误以为年轻人对汽车不感兴趣并且喜欢租房住。但是，看一下这组数据就会明白，这种认识是错误的。

另外，对于"心目中的理想生活"，平成一代当中，选择"有很多钱""住大房子""奢华的旅行"所占比例明显比其他年龄段的人高（图2-4）。

我经常听到中老年实业家说："现在的年轻人没有出人头地的愿望"。

但是，通过这次调查，我们发现年轻一代的成功愿望非常强烈。回答想"比别人先成功"的人，在泡沫一代中占14.4%，而在平成一代中占33.3%。

当然了，泡沫一代的人已经年过五十，人生下半场的输赢基本已成定局，所以想要成功的愿望没有那么强烈，这也无可厚非。

不过，平成一代的人想要"不断挑战"，想"做令人羡慕的事"。看到他们野心勃勃的想法，我觉得上了年纪的人需要改变一下对年轻一代的"成见"了。

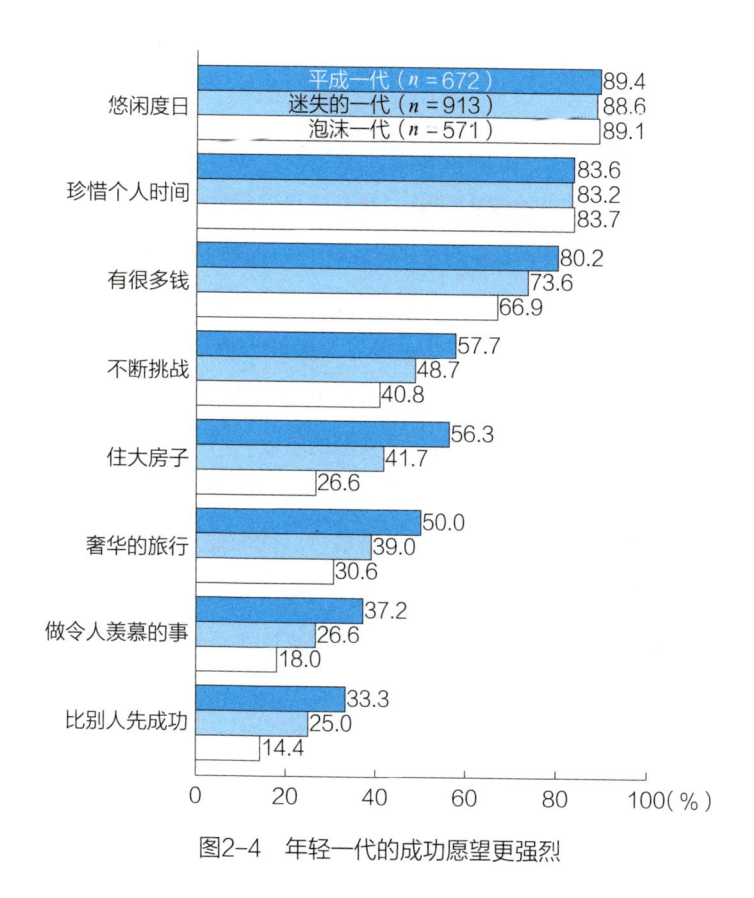

第 2 章
颠覆行业理论、战胜逆境的"反常识战略"

项目	平成一代 ($n=672$)	迷失的一代 ($n=913$)	泡沫一代 ($n=571$)
悠闲度日	89.4	88.6	89.1
珍惜个人时间	83.6	83.2	83.7
有很多钱	80.2	73.6	66.9
不断挑战	57.7	48.7	40.8
住大房子	56.3	41.7	26.6
奢华的旅行	50.0	39.0	30.6
做令人羡慕的事	37.2	26.6	18.0
比别人先成功	33.3	25.0	14.4

图2-4 年轻一代的成功愿望更强烈

心目中的理想生活（多选题）

为了过理想的生活，20～34岁的平成一代将重点放在了"有很多钱"上，跟其他年龄段的人相比，在"住大房子""奢华的旅行""做令人羡慕的事"等方面更有野心。

（出处）法国佳迪福人寿保险有限公司

▶▶ "想花50万换年薪提升100万"的投资心理

乍一看珀斯维尔的战略似乎不合常理，不过，如果你看一下对平成一代价值观的调查结果，就会觉得这是非常合理的服务。

那些否定珀斯维尔做法的人认为："很难从跳槽者手里赚钱"。他们误以为"年轻一代不愿意花钱""年轻一代对成功不感兴趣"，并且把这种自以为是的主观臆断当成了常识。

但是，平成一代的人从未经历过繁荣兴旺的经济情况，比起泡沫一代的人，对人生感到了更强烈的不安。

日本经济前途未卜，自己上班的公司也不知道什么时候会消失。

在这样的危机意识之下，考虑给自己的职业生涯投资的年轻人在逐渐增多，应该说这是社会发展的必然趋势。

"即使给帮助我跳槽的公司支付50万日元，如果年薪能提升100万日元的话，也是划算的。"

这样的想法，就是平成一代人的常识。

▶▶ 坚信滞销商品会畅销的"捏造心理"

除了代沟之外，人们还经常凭想象伪造常识，自以为是地认定某种商品会畅销。

例如，开发新产品的时候，有的人一旦认定新产品会畅销，就会随意断定消费者的喜好，采取不符合市场情况的销售方式，这种情况多见于总经理独断专行的公司。

第 2 章
颠覆行业理论、战胜逆境的"反常识战略"

另外,有的人深信和自己关系好的经营者的商品会畅销,认定不喜欢的经营者的商品会滞销,这也是随意编造社会常识、实施错误的营销方式的一种体现。

在逆境当中,捏造这种常识会带来很大的不利因素。

人一旦陷入对自己不利的状况,由于太渴望好转,就会对前景盲目乐观。

紧急关头,你所拥有的视野广阔的常识,将会成为帮助你战胜逆境的锦囊妙计。

▶▶ 网上的推荐功能会弱化你的经营头脑

如果你想获得更多不同年龄层、领域、行业的常识,应该怎么做呢?

直接说结论的话,就是浏览与自己无关的信息。

例如,对于服装行业的人来说,旅游行业的新闻就是不必要的信息。

但是,为了避免感染新冠肺炎,开放露营场地的住宿设施在增多[①],如果能接触到这个信息,自己脑海中就会产生新的常识——户外服装应该有商机。

接触与自己无关的信息能够重置你心中的常识,进而形成不合行业常理的战略。

要想获得与自己无关的信息,你最好从网络以外的媒体收集

---

① 比起扎堆旅游,日本人认为在宽敞的户外露营更能降低感染风险。——编者注

逆风翻盘
后疫情时代中小企业的自救之道

信息。

因为如果你用网络搜索，就会只关注自己想要的信息，结果只能收集到有限的信息。

再加上最近网络的推荐功能很完善，可以根据用户浏览的历史记录进行预测，推送的网络新闻都是跟你的兴趣爱好相关的信息。

这样一来，不仅获得的信息会被局限，你还有可能反复加强已有的错误观念。

反过来，纸质报纸这种媒体适合用来获取与自己无关的信息。

一打开报纸，不管你是否愿意，那些你不感兴趣的信息也会映入你的眼帘。能够提供额外的信息、预料之外的常识，就是纸质报纸的长处。

为了学会不合常理的销售方式，你就要获得与自己无关的信息，那将会成为产生各种创意的契机。

接下来，在第3章，我将给大家介绍一下通过让顾客开心的娱乐战略战胜逆境的案例。经营者和顾客的心情都变得明朗起来，就会形成积极向上的良性循环，销售额就会进一步提升。

疫情使生活变得黯然无光，人们很容易会忘记"让顾客开心"的战略，希望大家趁此机会回归初心。

> **在逆境中生存的公司**：触及不同的年龄层、不同的行业，收集各种信息。
>
> **在逆境中消亡的公司**：高层将自己那一代的想法直接塞给员工，使得整个公司的思维方式都变得陈腐不堪。

第3章

即使在逆境之中,也要让顾客尽情享受购物的"娱乐战略"

逆风翻盘
后疫情时代中小企业的自救之道

暗淡之时,"乐观"畅销

>> 疫情结束后会流行"粉色"

新冠肺炎疫情持续1年多后,2021年4月,《日经MJ》做了一项调查,询问人们将生活比作什么颜色,结果最多的回答是"灰色"(27.7%)。选择"浅蓝色"(12.5%)和"蓝色"(9.9%)等冷色系的人也很多。这是因为很多人认为"发生了太多让人感到悲伤的事"。

另外,关于希望之后一年是什么颜色的问题,最多的回答是"粉色"(21.2%)。排在其后的是"橙色"(11.3%)、黄色(10.6%)等暖色系。

选择这些颜色的理由是"因为希望有更多有意思的事"(38.1%)、"因为希望有更多令人高兴的事"(37.9%)。

期待前途光明的年份,会流行"粉色"。

大野礼子女士担任日本流行色协会的会刊——《流行色》的主编,她说,2011年发生东日本大地震之后,消费者也有追求粉色或黄色产品的倾向。

暗淡混沌的日子持续一段时间后,似乎就会产生反作用,人们开始偏好漂亮的颜色,用它来表达自己的情绪。

第 3 章
即使在逆境之中，也要让顾客尽情享受购物的"娱乐战略"

▶▶ 抢先读懂消费者心理，糕点厂家的尼彦[①]"蓝鳍金枪鱼蛋糕卷"热卖

在逆境之中畅销的是"明朗"。

有人说在暗淡沉郁的社会背景下做出明朗的举动显得轻率，但是做生意时必须考虑如何将东西卖给"将来"的顾客，而不是"现在"的。

如果你能够体察消费者的心情，了解他们今后需要什么，那么比起现在暗淡的颜色，给他们提供色彩明亮的商品或令人愉悦的服务，应该更能在逆境中胜出。

在疫情之下，位于山口县柳井市的"朝日制果"发售了一款用蛋糕卷制作的"蓝鳍金枪鱼"，很好地证明了这个观点。

朝日制果主要销售山口县的名牌糕点——"月亮上捡来的蛋"。

该公司在举办答谢顾客的活动时，想到了一个独特的创意："把甜点做成金枪鱼的形状，办一场'解体秀'[②]不也挺有意思吗？"于是他们模仿金枪鱼的形状，制作了"蓝鳍金枪鱼蛋糕卷"。

金枪鱼的体内由草莓蛋糕卷和果子冻组成。切开的时候看上去和红色的金枪鱼鱼肉一模一样。这款蛋糕在答谢庆典上倍受好评，超出了公司的预期。

公司认为蓝鳍金枪鱼蛋糕卷只生产这一次有些可惜，决定通

[①] 居住在海里的半人半鱼妖怪，长头发、嘴像喙、头部以下被鳞片覆盖、三条腿、会发光，传说可以辟邪除疫。——译者注
[②] 厨师将一整条金枪鱼当着顾客的面解剖，这里指现切蛋糕。——译者注

逆风翻盘
后疫情时代中小企业的自救之道

过网上店铺销售该产品。

因为"在自己家也可以办一场金枪鱼的解体秀",有的顾客正好把它当作生日礼物送给喜欢钓鱼的父亲,因而很受欢迎,顾客纷纷反映"好玩儿""很开心"。

后来疫情开始蔓延,顾客的面孔被口罩遮住了,笑脸从街头消失了。

但即使在如此暗淡的社会氛围下,朝日制果也没有忘记"乐观"。

首先,他们在2020年的万圣节之前推出了一款万圣节蛋糕——"好想成为尼彦的蓝鳍金枪鱼蛋糕卷"。

朝日制果将用蛋糕卷制成的蓝鳍金枪鱼装扮成尼彦。后来由于倍受好评,该公司又接连推出了圣诞节版、新年版和父亲节版。

第 3 章
即使在逆境之中，也要让顾客尽情享受购物的"娱乐战略"

他们决定将以前的蓝鳍金枪鱼蛋糕卷装扮成能够驱除疫情的妖怪——"尼彦"，用鲜奶油装饰尼彦华丽的鳞片和头发，作为限量商品开始销售。

公司统管总部的部长浜冈贤次表示："在疫情蔓延的万圣节，应该有很多人装扮成尼彦。我想让顾客在家中享用装扮成尼彦的蓝鳍金枪鱼蛋糕卷，赶走低落的情绪。"

制作尼彦版蓝鳍金枪鱼蛋糕卷花费的时间是普通生日蛋糕的3倍以上。据说在公司内部举办的试吃会上，员工们也是笑声不断。

"好想成为尼彦的蓝鳍金枪鱼蛋糕卷"一经发售便好评如潮，公司决定继续发售"圣诞节版"——装扮成圣诞老人的蓝鳍金枪鱼蛋糕卷。

后来，在牛年新年前后用来送礼的蓝鳍金枪鱼蛋糕卷被装扮成牛，到了父亲节又化身为绅士。随着季节变换，顾客能享用到不同形态的产品。

"因为意志消沉也没用啊。我相信顾客也在寻找令人变得愉悦的事物，所以市面上有一款这种蛋糕不也挺好的吗？"

即使在逆境中，浜冈先生的声音也很明朗。

消费者追求"乐观"

当人们看到自然灾害或者经济衰退的新闻时，心情会受那些照片和视频的影响，思维和行为也会变得消极。

但是，正因为是暗淡的时期，消费者更需要积极的心态。

也就是说，在暗淡的社会氛围下，抢先一步做出让人感到"乐观"的举动，才是在逆境市场中脱颖而出的战略。

要想将这种变化的时机转化为商机，关键在于通过某种手段让顾客切实感受到你的商品或服务令人感到很"乐观"。

朝日制果通过网络或者纸媒提供邮购服务，成功向顾客传达了关于"乐观的新商品"的信息。

›› 人们往往愿意支援乐观的店铺

积极利用社交网站，向顾客传递"乐观"也是一种手段。

例如，将疫情之下餐饮店的员工努力工作的开朗的形象上传到推特或"照片墙"上，顾客看到之后就会产生"我也要努力""去支援他们"的心情。

另外，店铺如果通过直接邮寄的广告，传递独具匠心的新商品的信息或者令人愉悦的服务和企划的信息，顾客产生前往店铺的愿望也会更加强烈。

在后疫情时代的逆境当中做生意，你需要拥有向顾客传达"乐观"的手段。

> **在逆境中生存的公司**：即使世界变得一片灰暗，也能抢先一步为顾客提供乐观的企划、商品和服务。
>
> **在逆境中消亡的公司**：当世界变得一片灰暗时，误以为举办乐观的促销活动不合时宜，因而无所作为。

第3章
即使在逆境之中，也要让顾客尽情享受购物的"娱乐战略"

善于应对逆境的公司，会争取女性的支持

▶▶ 八成以上的女性表示"可以独自去吃立食①荞麦面"

越来越多的女性对于独自去吃立食荞麦面不再有抵触心理。

根据博报堂生活综合研究所的调查，1996年刚开始调查的时候，约有29.8%的女性回答"不好意思独自去吃立食荞麦面"，到了2020年，这一比例减少到了14.5%。通过这些数据我们也能看出来，由于女性走上社会参加工作，在外面吃午饭的人以及"赶时间的人"增多了。

另外，双职工家庭数量始终呈增加的趋势。

根据2020年公布的厚生劳动省②白皮书，在1989年，双职工家庭的比例为42.3%，2019年这一数字上升到了66.2%。双职工家庭为1245万户，而男性在外工作女性做专职主妇的家庭为582万户（图3-1）。

随着双职工家庭的增加，女性的工资也逐渐上涨，晋升的比例也提高了。

厚生劳动省的调查显示，2017年，女性的平均年收入为246.1万日元，2019年上升到了251万日元。据帝国数据库实施的"关于录用女性的企业意识调查"，1989年女性管理职位（相当于课长以上的职务）仅占2.0%，这一比例在2020年增加到了7.8%。

---

① 站着吃的快餐店，往往设在地铁站、商场等客流量较大的地方。——译者注
② 日本主要负责医疗卫生和社会保障的中央部门。——译者注

逆风翻盘
后疫情时代中小企业的自救之道

图3-1　双职工家庭比例有所上升

只有男性在外工作的家庭和双职工家庭的数量在20世纪90年代实现了逆转。其后，双职工家庭成为日本的主流。

（注）1. 所谓"只有男性在外工作的家庭"是指丈夫非农业/林业职工、妻子非就业者（非劳动力人口及完全失业者）的家庭。

2. 所谓"双职工家庭"是指夫妻二人都不是农业/林业职工的家庭。

3. 2010年及2011年[　]内的实际数量，是除去岩手县、宫城县及福岛县的全日本的统计结果。

（出处）厚生劳动省

▶▶ 掌握消费决定权的妻子、失去决定权的丈夫

在家庭消费方面，女性的决定权占压倒性优势。

根据主要开展女性营销的"她的故事"（HER STORY）的调查，我们发现，家庭购买的49种商品当中，明显由妻子决定购买（妻子决定购买的比例高于丈夫决定购买的比例）的商品有31

第 3 章
即使在逆境之中，也要让顾客尽情享受购物的"娱乐战略"

种，占整体的63.3%。

而明显由丈夫决定购买的商品在49种当中有7种，仅占14.3%。

假设决定购买的比例超过30%的情况为"在消费方面有影响力"，那么妻子影响购买的商品在49种当中有44种，约占九成。

从这个调查结果，我们也能发现，家庭当中购买商品的决定权正由丈夫向妻子转移。

看到这些数据，我感到很有意思的是，在疫情中遭受打击的商品，其购买与否大多容易受到妻子意见的影响。

而疫情中在外出就餐和旅行方面的消费，妻子的决定权都超过了六成。

也就是说，如果妻子不同意，外出就餐和旅行方面的消费就很难恢复。

如果是那种大男子主义特别严重的家庭，事情就另当别论了。但是一般而言，丈夫会询问一起行动的妻子："去哪里呢？""吃什么呢？"此时如果妻子说"最好还是少出门"，讨论就到此结束了。

说点题外话，虽然也有避免密切接触的因素，男性的意见占主导地位的户外用品（60.4%）和汽车（70.0%）在疫情期间的销售业绩也不错。男性独自掌握决定权的商品，其销售额存在恢复较快的倾向（图3-2）。

说不定妻子的意见在很大程度上也影响了男性职员的晚餐。

当日本政府解除紧急事态时，应该有不少人在邀请已婚男性在外就餐时遭到了拒绝。

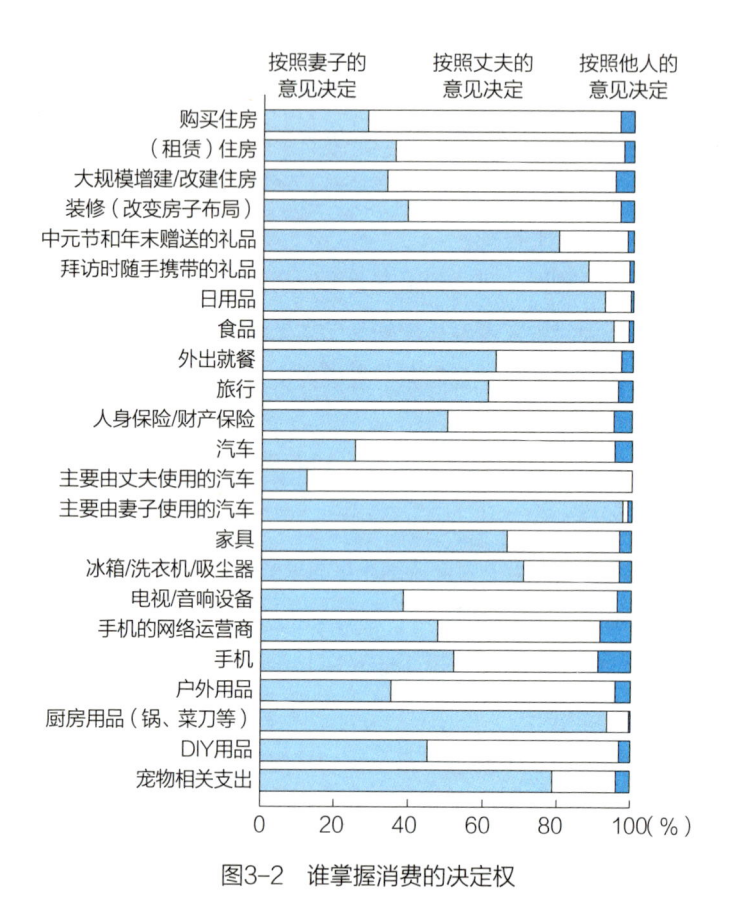

逆风翻盘
后疫情时代中小企业的自救之道

	按照妻子的意见决定	按照丈夫的意见决定	按照他人的意见决定

购买住房
（租赁）住房
大规模增建/改建住房
装修（改变房子布局）
中元节和年末赠送的礼品
拜访时随手携带的礼品
日用品
食品
外出就餐
旅行
人身保险/财产保险
汽车
主要由丈夫使用的汽车
主要由妻子使用的汽车
家具
冰箱/洗衣机/吸尘器
电视/音响设备
手机的网络运营商
手机
户外用品
厨房用品（锅、菜刀等）
DIY用品
宠物相关支出

0　20　40　60　80　100(%)

图3-2　谁掌握消费的决定权

这是2019年以全日本500名已婚女性为对象进行的问卷调查，内容是家庭中购买的49种商品是按照家里谁的意见决定购买的。

（出处）她的故事

第 3 章
即使在逆境之中，也要让顾客尽情享受购物的"娱乐战略"

对于在家时间较长的女性来说，自然希望丈夫在外面尽量少和别人接触。

根据产经新闻社和大阪医院进行的关于疫情的调查，回答"对于将来感到不安"的女性为39.6%，大大超过了男性的28.3%。

要想克服疫情造成的逆境，关键在于如何消除女性心中的不安。

》女性在购买前比较价格，男性会连续购买同一个品牌

但是，现实是商家很难争取到女性消费者的支持。

根据前文提到的博报堂生活综合研究所的调查，回答"在购买之前会仔细对比价格"的女性占61.7%，超过了男性的59.0%（表3-1）。

另外，回答"比起大众商品，哪怕价格贵一点，也想要好一点的东西"的人中，男性占35.9%，而女性占30.3%，由此可见女性对价格的要求更严格。

看一下其他数据你也会发现，女性在消费方面的要求比男性更苛刻。

表 3-1 男女消费倾向差异

问题	男性(%)	女性(%)
会连续购买同一个品牌	29.7	22.6
购买之前仔细对比价格	59.0	61.7

逆风翻盘
后疫情时代中小企业的自救之道

续表

问题	男性(%)	女性(%)
比起大众商品，哪怕价格贵一点，也想要好一点的东西	35.9	30.3
购买之前在网上查口碑	39.7	45.8
每个月存固定金额的钱	29.8	33.3

（出处）数据来自博报堂生活综合研究所的《生活定点1992—2020》，作者对2020年度的调查结果作了修订。

▶▶ 女性顾客占一半的电器店的娱乐战略

在这种情况下，位于爱知县碧南市的电器店"奈冈高洲（Naco-takasu）"完美地捕获了女性顾客的心。

这家电器店在当地深受好评，来店里的顾客大约一半是女性。

但是，它能发展到现在，道路并非一帆风顺。

电器店原本是稳定扎根于所在地区的，但是2000年前后，电器店经营状况突然发生了变化。

回顾当时的严峻形势，总经理原田真美说："经常有顾客拿着别家店的报价来我们这里，送货上门的时候也会看到顾客家里摆着从其他店里购买的商品，每次我都很难过。"

然而，在和顾客打交道的过程中，她发现上了年纪的女性顾客增多了。

原田总经理说："我们店的董事长是女性，我也是女性，大部分员工也是女性。我觉得可能女性顾客来我们店比较自在吧。"

很多女性不擅长操作家电。如果是一个人生活，连换电灯泡

第3章
即使在逆境之中，也要让顾客尽情享受购物的"娱乐战略"

右侧是原田总经理，左侧是她母亲浅冈房子女士。靠女员工打理店内业务，得到了当地顾客的信任。

都是个难题。原田总经理觉得，即使顾客从其他店里购买了商品，如果遇到了困难，自己的店铺也必须提供帮助，所以她连小家电的安装作业也积极地包揽了过来。

"我发现，无论多么小的零活，只要讲清楚会产生的费用，顾客都会理解并接受。有的顾客还说花点钱更好意思开口，我们也因此更容易接到订单了。"

另外，在店里搞活动时，她也积极策划一些让女性顾客感到开心的方案。除了干花培训班、植物标本培训班，还有为了节约电费和煤气费的快速烹饪培训班。通过定期举办活动，店铺缩小了和女性顾客之间的距离。

"当顾客遇到什么麻烦的时候，可以更轻松地找我们商量，我希望和她们建立这样的关系。我也会尽量和顾客一起参与，享受活动带来的乐趣。"

她在促销传单和直邮广告中也全面展示自己店的特色，以"女性员工多"为特点，在当地进行宣传。店铺通过活动与女性顾客产生了紧密的联系，因此直邮广告的宣传效果也更好了。

突然有一天，她发现来店里的顾客有一半是女性，自己的店铺成了受当地居民喜爱的电器店。有的顾客带着年迈的母亲，有的是恩爱的夫妻成双成对前来，顾客络绎不绝。

疫情开始之后，由于宅家消费的影响，店里也保持了稳定的销售额。

女性顾客的支持率依然很高，据说在店里经常能看到这样的场景：妻子选中心仪的家电，丈夫付钱购买。

原田总经理说："最近很多人表示想用大屏幕看网上的视频，所以能无线上网的电视很受欢迎。在这方面也要优先考虑太太或者母亲的意见呀。"

奈冈高洲通过取悦女性顾客，即使在疫情期间也深受当地人的喜爱。这是大型家电店无法模仿的经营方式。

▶▶ 打造最强"招待"团队

要想满足女性消费者，你需要追求娱乐精神，不能光想"怎样才能让对方购买"，而是要考虑"怎样才能让对方开心"。

第 3 章
即使在逆境之中，也要让顾客尽情享受购物的"娱乐战略"

奈冈高洲想方设法让掌握消费决定权的女性顾客开心，所以在当地倍受好评。

但是，提供让顾客开心的服务很难，这种创意不是随便哪个人都能想得出来的。

揣测对方的心情是一项技术，听起来容易，实际上不是谁都能做到的事。

要想提出让客户满意的方案，可以在公司内部召集体贴周到的人才，组成团队，让他们试着出主意。

例如，顾家的人、深受属下信任的人、受异性欢迎的人，等等。能够贴近对方感情的人，总有一些特别的"招待"手段。

将这样的人才组成特别的团队，让他们思考面向女性的服务，应该会产生一些出人意料的独特创意。

不过，虽然他们取悦对方的能力很强，却不是将创意打造成企划方案的专家。

这个团队需要实践能力强的员工，也需要与其他部门沟通能力强的员工。

那些招待能力特别强、对周围的人体贴入微的员工，虽然能提出有趣的创意，但同时大多又是不擅长沟通的人。

因为他们会考虑公司内部的经营计划，很多时候不敢提出大胆的创意。有的人会预先想到一旦方案启动，有可能会增加工作量，即使想到了好的点子也不肯说出来。

因此，你一定要反复强调，出主意的人只要想出创意来就行了，给他们创造在会上自由发表意见的环境，这一点很重要。

然后，你让沟通能力强的人将创意整理成企划方案，这样就能设计出让顾客开心的独特服务。

> 在逆境中生存的公司：比起创造销售业绩，更重视让顾客开心。
>
> 在逆境中消亡的公司：光在意眼前的销售额，不肯将时间和预算用在取悦顾客上。

想不出有趣的创意，原因在于组织

》》为何日本人无法理解外国人的笑话？

节目编剧渡边龙太先生写了一本书，名叫《即兴表达：轻松掌控关键时刻》。他在接受采访时用一个很有趣的说法解释了"搞笑"这种行为："理解对方并将球投到好球区的行为"。

渡边先生曾经到美国留学，据他说，引人发笑需要共享情绪，每个国家的共享方式不同，理解方式就会不一样，笑点就会存在偏差，那么，有意思的话题也会变得索然无味。

例如，当看到搞笑艺人跌倒的场面时，有些国家的人会觉得很可怜，有些国家的人会觉得很好笑。据说其他国家的搞笑艺人为了在日本受欢迎，需要按照日式幽默改编内容。

第 3 章
即使在逆境之中，也要让顾客尽情享受购物的"娱乐战略"

▶▶ 廉卖企划受欢迎、万圣节企划不受欢迎的原因

渡边先生的话如实反映了制作让人开心的企划有多么难。

很多企业都会构思让消费者开心的企划，但是往往无法取得理想的效果。

有时候包含冷笑话的商品卖不出去，有时候策划了顾客参与型的活动却没有吸引多少人，原以为会火爆的企划最终失败的概率很大。

企划遭遇滑铁卢是一件令人难过的事。人们往往会灰心丧气，想不通"为什么不受欢迎"，在这里要借用一下渡边先生的话，原因在于没能和顾客共享情绪。

换句话说，企划如果能够和顾客共享大量信息和情绪，就会受到欢迎；如果共享的信息和情绪较少，企划就会落空。

如果想走搞笑路线，由于可以共享的"好球区"非常狭小，即使策划搞笑的方案，也很难取得成功。

例如，廉价销售的企划很容易获得共同的情绪，很多人都会觉得"购买便宜的商品很划算"，所以这样的企划容易取得成功。

但是，如果你策划"万圣节那天让员工装扮起来接待顾客"这种企划，由于认为万圣节装扮有意思的人比想买便宜货的人少，所以最终揽客能力很弱。

廉卖企划很容易让顾客感觉赚到了，而相比之下"让顾客开心"的企划的门槛要高得多。

逆风翻盘
后疫情时代中小企业的自救之道

》》在线活动创下万名观众的纪录

但是，有的公司却接连挑战了难度系数很高的娱乐企划。

那就是位于长野县轻井泽町的"诱惑酿造（YO-HO BREWING）"，他们策划了别出心裁的方案，在精酿啤酒行业之外也受到了广泛关注。

产品的命名很有趣，例如"夜夜纯享""我的啤酒你的啤酒"，引起了热议，其中"星期三的猫"自问世以来，售出超过1000万罐，成为爆款产品。

活动的揽客能力超强。

2010年诱惑酿造开始举办粉丝活动，迄今为止吸引了3万人次，2018年在东京台场举办的"夜夜纯享的盛宴"，吸引了5000多名粉丝顾客。可谓盛况空前，堪比人气歌手的演唱会。

2020年5月和6月该公司举办了疫情期间的在线活动，两次合计有10000名观众参与，粉丝顾客留下了14000多条评论。

再加上宅家消费需求的支撑，疫情期间该公司的销售业绩仍然很好。

2020年12月至2021年2月的销售额同比增长43%，罐装产品的出货量同比增长了51%。

但是，诱惑酿造公司策划的活动并非全都大获成功。

例如，赏樱花时"占位置"和相扑中的力士级别"关取"在日语中发音相同，利用谐音梗举办的摔跤比赛"夜夜关取大比拼"和在父亲节当天将身为人父的员工借给顾客的"爸爸租借

第3章
即使在逆境之中，也要让顾客尽情享受购物的"娱乐战略"

参与宣传和促销工作的松本晶子女士（右）和近藤惠多先生（左）。公司的理念是勇于挑战有趣的企划，这就是催生人气商品的原动力。

企划都反响平平。

但是，这家公司的长处就是永不气馁。

即使是和销售额没有直接关系的稀奇古怪的企划方案，诱惑酿造也会毫不犹豫地实施。

负责促销的松本晶子女士说："我们公司的理念就是，挑战失败也没关系。"

关于宣传或促销的企划方案，有时候由营销相关的各个部门分别思考，有时候各部门也会跨越藩篱，组成项目团队共同思考。

我问松本女士，如果想出来的方案过于古怪，会不会在公司内部遭到反对？她的回答令我感到意外。

逆风翻盘
后疫情时代中小企业的自救之道

"我们公司不太讲究上下级关系，包括总经理在内，职务只有4个等级。构思企划方案的时候我们可以全方位讨论，拿到会议上时往往已经形成极具说服力的方案，所以几乎不会遭到反对。"

该公司的策划能力源于大家都可以畅所欲言。

>> 一年打造5个"成功企划"的方法

促销企划的命中率本来就很低。

笔者参与拟定过很多企业的企划方案，遇到人气企划的概率只有一成左右。

假设1年实施10个企划方案，其中有1个能有成效就算不错了。能够打动顾客的企划方案如同棒球的好球区，范围比你想象的狭窄得多，就算你举办活动的节奏很快，在揽客方面和销售方面都能达到及格分的企划方案，1年顶多有一两个。

但是，正因为如此，通过数量积累经验才格外重要。

如果不多多尝试，就无法打造出成功的企划。这和棒球选手很难将所有飞来的球都打出全垒打[①]一个道理，如果不经常练习击球，就连普通的安打都打不出来。

"既然命中率那么低，搞促销企划岂不是效率太低了吗？"

可能也会有人这么想，不过促销企划的优点在于一旦成功

---

① 安打是棒球运动中，击球手将球击出到界内，使击球手本身能至少安全上到一垒的击球。其中，击球手能依次踏垒回到本垒的安打叫作全垒打。——编者注

第3章
即使在逆境之中,也要让顾客尽情享受购物的"娱乐战略"

了,第二年还可以接着使用。

例如,如果暑假里研究的企划成功了,第二年凭借口碑,消息就会散播开来,通过协同作用,肯定比前一年吸引的顾客数量还要多。根据笔者的经验,企划一旦获得成功,第二年基本不会落空。只要不停地更新企划内容,就可以在数年之间一直保持较高的人气。对于企业来说,它就会成长为销售业绩稳定的"常规企划"。

假设你每年推出10个促销企划,能产生1个常规企划,那么连续5年每年推出10个企划,就能产生5个常规企划。这样每2个月左右就能举办一次提升销售额的常规企划,既能节约广告费,又能提高顾客满意度。

如果你策划方案时过于追求质量,难免会变得小心谨慎,企划的产出数量就会受到限制。一旦想到让你觉得"挺有意思"的企划,那就尽量马上付诸实践,把重点放在数量的积累上,这样打造出人气企划的概率会更高。

在逆境中生存的公司:组织内部尽量消除等级界限,以便日常工作中就能产生有趣的创意。

在逆境中消亡的公司:即使有人提出有趣的创意,也会立刻被驳回,借口是"这样的企划不符合我们公司的风格"。

员工的满意，关系到顾客的满意

▶▶ 吝啬的经营者只能招来小气的顾客

小公司的经营者和顾客有点像。

例如，没有持久性的经营者容易吸引不喜欢长期打交道的顾客。

如果店内不干净，来的顾客大多衣着邋遢。

如果总经理是那种心血来潮的人，喜欢不定期散发促销传单，那么只能吸引性格反复无常的顾客，这些顾客心情好的时候才会来店里。

如果经营者很吝啬，那么客户一定会对价格和条件非常挑剔。如果经营者不擅长使用网络，那将只能留住用电话或传真下订单的顾客。

无意冒犯，这只是我作为经营顾问的亲身感受，我发现很多时候，中小企业的经营者和顾客的性格毫无二致。

经营者与顾客互为表里，双方互为镜子，这绝非偶然。

▶▶ 更换经营者的公司业绩提升的原因

为何经营者和顾客的性格如此相似？

那是因为，在顾客和经营者相似之前，首先是员工和经营者非常像。

第 3 章
即使在逆境之中，也要让顾客尽情享受购物的"娱乐战略"

小公司的经营者往往会直接面试员工。因为要录用符合自己标准的人，所以基本不会聘用和自己性格完全合不来的人。

被录用的员工都是看上去脾性相投的人或者符合自己喜好的人，和经营者共事的时间越长，和经营者相似的员工就越多。

这样的员工负责接待顾客，所以必然就会招来与他们投缘的顾客。

这样一来，和总经理相似的员工把商品卖给谈得来的顾客，就会出现"总经理和顾客相似"的现象。

如果这个理论讲得通的话，只要改变经营者的意识和想法，公司的意识改革也能够顺利进行。

我经常听说这样的案例，经营者参加自我提升研讨会之后，公司就发生了变化。或者，更换经营者之后，销售额也随之提升了，这种转变在很大程度上是由员工和顾客观念发生变化带来的。

换句话说，如果经营者努力让员工开心，员工也会想方设法让顾客开心，员工就会成为顾客发生变化的契机。

要想在逆境之中让顾客开心，重要的一点就是让员工开心。让员工开心的战略会直接关系到让顾客开心的战略。

▶▶ 销售高达模型的汽车店，通过让员工开心来提升销售额

位于山形县鹤冈市的"箭头（ARROWS）山形庄内中央店"是一家有些另类的汽车销售店，他们通过让员工开心，提升了销售业绩。

逆风翻盘
后疫情时代中小企业的自救之道

店铺紧邻汽修厂，店里摆着一排排进口杂货和玩具，种类特别齐全的商品是机动战士高达的塑料模型。

但是，为什么汽车销售店里会有高达模型呢？

总经理金野隆行说："东日本大地震时，员工一下子变得意志消沉起来。为了鼓舞士气，我就问他们以后想卖什么，回答最多的愿望就是高达模型。"

好像喜欢汽车的人大多喜欢高达模型，于是金野总经理立刻带员工去了玩具批发店。结果，员工们开始高兴地采购高达模型，自己拼装后在店内摆放装饰。

来店里的顾客被这些琳琅满目的模型所吸引，这样以高达模型为契机，顾客和员工之间的对话增多了。

店里的氛围逐渐变得欢快起来，迅速恢复了活力。另外，通过销售高达模型，产生了意外的协同作用。

金野总经理说："因为汽车属于高消费产品，所以顾客不会频繁来店里。但是，自从我们开始销售高达模型，顾客也常来店里了，甚至有人因为高达模型结缘，最后买了汽车。这种情况一年比一年多。"

据说工作日的客流量也增多了，店员与顾客之间的距离缩短了，每位顾客单次购物支付的平均金额也提高了。

"我们有时候会给签约购车的顾客赠送高达模型，有时候会举办活动让顾客体验高达模型拼装，我发现汽车销售和高达模型很配哦。"

金野总经理原本是为了鼓励员工，才开始销售高达模型，没

第3章
即使在逆境之中，也要让顾客尽情享受购物的"娱乐战略"

金野总经理发现员工喜欢的东西就是顾客喜欢的东西。多亏了高达模型，店员与顾客之间的交流增多了，也就提升了销售额。

想到有助于揽客和提升销售额。

疫情期间，由于宅家消费的影响，高达模型的需求持续增长，来汽车销售店的人数已经恢复到和疫情之前差不多的水平。

>> 员工满意度下降的话，顾客满意度也会下降

员工的满意和顾客的满意密切相关。

提高员工满意度（Employee Satisfaction）就会提高顾客满意度（Customer Satisfaction），二者关系很密切，甚至可以说"没有员工满意度就没有客户满意度"。

东京海上日动通信公司的田口浩先生曾在论文《客服中心中

逆风翻盘
后疫情时代中小企业的自救之道

员工满意度和顾客满意度的关系》中提出，员工满意度比前一年下降的话，顾客满意度肯定也会下降；员工满意度提高的年份，顾客满意度也提高了。

丽思卡尔顿（The Ritz-Carlton）酒店对员工和顾客一视同仁，坚持员工至上的原则，所以酒店员工能向顾客提供热情周到的服务。这为酒店赢得了好口碑。

如果你发现员工满意度和客户满意度的密切关系，就能看清逆境中应当实施的战略的方向性。

当东西卖不出去时，我们就很难把握消费者的动向。

另外，当整个社会环境一片暗淡时，我们也很难打造企划，让人们对消费产生积极的心态。

但是，我们可以利用员工满意度和客户满意度关联性，开展活动，让离我们最近的员工开心起来，就能构想出受顾客喜爱的企划。

例如，开展员工和顾客共同参与的游戏、员工将自己的兴趣或喜爱的运动分享给顾客等。如果员工和顾客相似的假设成立，那么这一类战略获得成功的可能性就很大。

也许这些企划最终只是让经营者或者员工自己感到满足，不过考虑到很多顾客会对这种自我满足产生共鸣，那么逆境中开展让员工开心的促销活动，就会成为恢复销售额的契机。

如果你苦于不知道如何打造让顾客开心的企划，那么从让员工开心的企划入手吧。战胜逆境的线索就在你的身边。

接下来，在第4章，我将给大家介绍一些通过好的创意战胜

第3章
即使在逆境之中,也要让顾客尽情享受购物的"娱乐战略"

逆境的技巧。

有些案例可能会让你恍然大悟,发现"原来还可以这样销售啊"。结合这些案例,我将给大家讲解一下创造新业务的思路。

> **在逆境中生存的公司**:能够全力以赴,让员工感到高兴、开心。
> **在逆境中消亡的公司**:认为让员工开心是浪费经费。

第4章

凭别出心裁的思维生存下去的"新创意战略"

逆风翻盘
后疫情时代中小企业的自救之道

拯救你于困境中的思维方式

▶▶ 为何头脑风暴会以闲聊和抱怨告终？

当想不出创意时，很多公司会采用头脑风暴法。

让参加人员就给定的主题自由发表意见，以求产生新的创意或解决方案。当想法或思路陷入僵局时，人们经常在会议上采用这种方法。

但是，实际上通过头脑风暴产生新创意的案例很少。

即使聚在一起，成员们也是从头至尾都在闲聊或抱怨，对于正题的解决毫无益处。

另外，即使领导决定了"可以自由发言"的规则，还是会有人马上站出来否定别人的意见，还有人喜欢妄下结论。由于这些人的参与，头脑风暴往往无法发挥应有的作用。

而且，当公司或店铺陷入逆境时，员工的想法会变得消极，回避高风险的发言也会增多，越发难以产生好的创意。

最终，员工们还是会顺从上司的意见，实施头脑风暴成了无用功，公司也将按照极为普通的方案在逆境中苦苦挣扎。

▶▶ 畅所欲言不等于可以毫无准备

那么，要想战胜逆境的创意，应该怎么做呢？

用一句话概括，就是创造出"从未有过的思路"。

第 4 章
凭别出心裁的思维生存下去的"新创意战略"

公司之所以会陷入逆境，是因为以前的做法行不通了。反过来说，如果你能想出迄今为止公司内部和业界没有过的创意，就能摆脱危急局面。

为了创造出从未有过的思路，你也可以采用框架法，例如"奥斯本检核表法"（表4-1）。

这是亚历克斯·奥斯本（Alex Faickney Osborn）提出的创新技法，他同时也是头脑风暴法的发明人。通过回答检核表中的9个问题，可以达到高效地产生创意的目的。

表 4-1 奥斯本检核表

1	能否他用？ （Put to other use）	现有的事物有无其他用途？ ▶ 例：瑕疵品的再利用 改良后有无其他用途？ ▶ 例：把电灯泡当作杀菌装置
2	能否借用？ （Adapt）	能否引入其他的创造性设想？ 有无其他类似的东西？ 能否模仿？ ▶ 例：从蝙蝠到雷达
3	能否改变？ （Modify）	能否改变意义、颜色、动作、声音、气味、样式、型号等？ ▶ 例：太宰治的《人间失格》更换封面后人气暴涨
4	能否扩大？ （Magnify）	更大、更强、更高、更长、更厚 ▶ 例：大码专卖店 能否延长时间？能否增加频率、价值、材料？ ▶ 例：便利店的高频率配送
5	能否缩小？ （Minify）	更小、更轻、更低、更短 ▶ 例：全球最薄的数码相机 能否减少某些部分？ ▶ 例：不用洗头的理发店 能否省略？ ▶ 例：一人份咖喱食材
6	能否替代？ （Substitute）	能否用其他事物代替？ ▶ 例：用于输血的人工血液 有无其他材料？ ▶ 例：豆乳蛋糕 有无其他方法？

逆风翻盘
后疫情时代中小企业的自救之道

续表

7	能否调整？ （Rearrange）	能否变换为其他要素？ 有无其他布局？ 有无其他顺序？	▶	例：尝试换成别的说法 例：改变公司内部桌椅的排列 例：尝试改变发言顺序
8	能否颠倒？ （Reverse）	能否里外颠倒？ 能否上下、左右颠倒？ 能否颠倒顺序？	▶	例：两面可用手提包 例：将价格定为十分之一再开始研发
9	能否组合？ （Combine）	能否合为一体？ 能否混在一起？ 能否进行部件组合、目的组合？	▶	例：带橡皮的自动铅笔 例：手机上的条形码读码器

（出处）永田丰志/信息技术媒体（media）企业

例如，因为疫情，有一家KTV的顾客数量急剧减少，让我们用奥斯本检核表法来思考一下解决方案吧。

1. 能否他用？

    →能否尝试在KTV包厢进行"油管"博主的直播活动？

2. 能否借用？

    →能否将KTV包厢作为"油管"的摄影棚出租？

3. 能否改变？

    →能否尝试以包租形式出租KTV包厢？

4. 能否扩大？

    →能否尝试将卡拉OK的器材租借给露营场地？

5. 能否缩小？

    →能否尝试将KTV包厢的器材租借给家庭使用？

第 4 章
凭别出心裁的思维生存下去的"新创意战略"

6. 能否替代?
   →能否将KTV包厢出租,用作核酸检测的场地?
7. 能否调整?
   →能否在KTV包厢摆放漫画,改名为"单人漫画包厢"?
8. 能否颠倒?
   →能否将KTV包厢出租,用作安静的冥想空间?
9. 能否组合?
   →能否尝试在KTV包厢开展面向出差父母的保育服务?

至于实际上能否实现,需要验证之后才知道。不过,以这9个思路为起点思考下去的话,你就能更容易想到新颖的商业创意。

成员们有效地利用奥斯本检核表法,各自想出创意之后,再进行头脑风暴,就容易形成积极的讨论氛围。

"来头脑风暴吧。"

领导说完这句话之后,也不做任何准备工作,就把人们召集在一起,说到底这才是想不出创意的主要原因。

很多人误以为头脑风暴就是畅所欲言,等于不用做任何准备。但是,正因为是自由发表意见的场合,才必须事先发散思维,做好准备工作。

▶▶ 穿一套好西装,事业也会顺利。为经营者量身定制的成衣店

我想给大家介绍一个西装行业以前没有的业务。

逆风翻盘
后疫情时代中小企业的自救之道

定制西装店"伊尔·萨尔多（IL SARTO[①]）"总部位于大阪市中央区，在东京和大阪拥有两家店铺。

伊尔·萨尔多被称为"日本唯一一家专门面向经营者的西装成衣店"，凭借这个西装行业前所未有的理念，集聚了众多人气。

总经理末广德司说："中小企业的经营者的形象会直接反映到公司的形象上。迄今为止我为很多经营者制作过西装，我希望通过西装可以提高他们公司的品牌影响力。"

他在西装的制作方式上也费了很多心思。

顾客来到店里以后，末广总经理并不马上聊关于西装的话题，而是详细询问对方经营公司的理念。

在此基础上，他要花费1周时间制作提案书。其最独特的地方在于他会给经营者送上一句宣传口号。

例如，给人寿保险公司的总经理的口号是"以未来的年表查明将来，守护家人的领航员"，给电力公司的总经理的口号是"打开人才潜力的开关，与电力共同创造未来"。他总是用富于个性的语言展现对方企业的魅力，设计合适的定制西装。

西装做好之后，他会让顾客试穿，并请专业摄影师为顾客拍写真。

顾客可以马上将照片用在公司的商品目录或网页上，因此这成了伊尔·萨尔多的人气服务之一。

末广总经理说："我们和其他西装店的最大差异在于，我们

---

① 意大利语，裁缝的意思。——译者注

第 4 章
凭别出心裁的思维生存下去的"新创意战略"

认为西装不只是衣服,还是企业战略的一部分。"

伊尔·萨尔多在2020年7月的销售额是上一年同期的120%,整个服装行业都在艰苦奋战的情况下,他们的西装店却维持了良好的发展势头。

由于疫情,休闲装和高尔夫球服的定制需求进一步增多了。

末广总经理说:"由于远程办公和户外交际变多了,经营者穿便装的机会增多了。便装和西装不一样,会反映一个人的品位。顾客不知道应该在哪家店、买什么样的衣服,所以订单一下子增多了。"

如果穿的便装和西装反差太大,经营者的品位就会遭到怀疑。便装同样是末广总经理发挥制作能力的地方。

伊尔·萨尔多给西装增添了新的附加价值——将其当作"企业战略的一部分",因此能够在逆境中胜出。

末广总经理详细询问顾客的意见和想法,因此诞生了其他定制西装店无法制作的商品。

按照前文所述的奥斯本检核表法，这是通过第9条"组合"产生的思路。末广总经理将西装这种服装商品和事业结合起来，创造出了前所未有的附加价值。

我们如何才能开拓出前所未有的思路？答案就存在于前所未有的领域。如果你能找出这个答案，就会想出新的创意，快速恢复销售额。

》 易于传达又不增加成本的创意

商业创意的作用，就是提高附加价值。

伊尔·萨尔多给定制西装增添了"专门面向经营者"这个附加价值，所以成功打造了感染力很强的商业模式。

说句有些极端的话，我认为附加价值决定了商业的一切。

附加价值低的业务需要面对激烈的竞争，不得不做毛利较少的生意。反过来，附加价值高的业务可以在没有竞争对手的市场上获得较高的毛利。

附加价值大致等于"赚头"，事业的关键就在于如何能通过创意提高这部分赚头。

例如，花5万日元买入一张桌子，加工之后以8万日元售出的话，赚头就是3万日元。你也可以用"毛利"或"利润"来表达这个意思，但是我觉得在这里用"赚头"这个词解释更通俗易懂。

为了提高这个3万日元的赚头，加入"使用高级木材"这个创意，即使进价上涨了1万日元，如果能够以10万日元售出的

第4章
凭别出心裁的思维生存下去的"新创意战略"

话，赚头就是4万日元，等于"附加价值提升了"。

但是，如果顾客不认同高级木材的价值，那么对他们而言只是桌子涨价了，这时候反倒卖不出去。如果你调整价格同样按照8万日元出售的话，赚头就只有2万日元，比普通的桌子少赚1万日元。那就等于"附加价值下降了"。

也就是说，为了提高附加价值，你需要将附加价值提升的原因传达给顾客。难以传达的附加价值就是赚头减少的主要原因。

另外，那些提高进价或成本的创意，除非能给顾客带去相当大的冲击，否则顾客不会甘心额外加钱购买，也就无法形成附加价值。

作为商业领域的创意，重要的是创造出易于向顾客传达，而且不用花成本的附加价值。

例如，你花5万日元买入一张桌子，原本以8万日元出售，现在你加一句宣传口号："既能当饭桌，又能当办公桌使用"，再给它取名"远程办公专用桌"，如果能以12万日元的价格售出，赚头就是7万日元，创造的附加价值是普通桌子附加价值的2倍以上。

同样是创意，这种容易让顾客理解、又不改变进价或成本的附加价值，才称得上是理想的商业创意。

> **在逆境中生存的公司**：为了想出创意，事先做好相应的准备，提出的意见能够转化为附加价值。
>
> **在逆境中消亡的公司**：突然把人们召集在一起，说"请大家拿出好的创意来"，误以为只要让人自由发言，总会产生好的创意。

逆风翻盘
后疫情时代中小企业的自救之道

从根本上重新审视商业模式的勇气

▶▶ 你会现在开一家竞争激烈的牛肉盖浇饭店吗？

既然做生意，就要做赚钱的业务，这是理所当然的事。

例如，假设现在开一家牛肉盖浇饭店，由于竞争对手太多，很容易陷入价格竞争，对于小公司来说，想要赚钱难于上青天。

反过来，如果在线提供医疗援助服务，由于技术层面的门槛很高，竞争对手不多，因此这种商业模式很容易成为赚钱的业务。

医疗领域的服务不仅需要专业知识和资格证书，而且很难转化为在线形式，所以存在很多商业机会。如果你想赚钱，就一定要挑战行业门槛高的业务。

▶▶ 通过SCP分析模型区分"赚钱的公司"和"不赚钱的公司"

在开始做生意之前，就有了"赚钱"和"不赚钱"的明确分类。

哈佛大学的产业经济学权威乔·贝恩（Joe S. Bain）等人提出了"SCP分析模型"，通俗易懂地解释了如何分类。

所谓SCP，就是结构–行为–业绩（Structure–Conduct–Performance）的省略说法，表示市场结构、企业行为和经营绩效三者之间的关系。

入山章荣先生在他的著作《世界标准的经营理论》[1]中解释了SCP分析模型：如果某项生意包含以下三个"完全竞争"的条

---

[1] 『世界標準の経営理論』，钻石社出版。——编者注

第 4 章
凭别出心裁的思维生存下去的"新创意战略"

件,就会成为不赚钱的业务。

1. 市场中有无数小企业,任何企业都不会对市场价格造成影响。
2. 其他企业新加入该市场时没有壁垒(成本),从该市场退出时也没有障碍。
3. 企业提供的产品/服务与同行业其他公司存在同质化现象,也就是说没有差异化。

例如,如果你开一家干洗店,由于市内存在无数类似的店,入行门槛也很低,而且很难提供差异化服务,所以这种生意属于完全竞争的类别,很难赚钱。

反过来,和完全竞争完全相反的就是下面的"完全垄断"的生意:

1. 整个行业只有一家公司,由它掌控价格。
2. 其他企业无法加入该行业。
3. 因为只有一家公司,所以不需要差异化。

例如,某家制药公司生产拥有专利的医药品,由于经营的产品只有该公司才能生产,所以可以独自掌控市场价格。

因为其他公司很难生产该产品,所以不会有竞争对手加入,也没必要形成差异化,因此该公司可以垄断赚头。

逆风翻盘
后疫情时代中小企业的自救之道

❯❯ 在疫情中输掉的都是完全竞争的企业

善于应对逆境的业务正是符合SCP分析模型中说的完全垄断的业务。

反过来,在逆境中输掉的业务则是陷入了完全竞争的业务。

说句极端的话,只要在完全竞争环境中继续做生意,无论你怎么努力都很难让销售额逆风翻盘。

那些在疫情之下苦苦挣扎的行业,大多属于容易陷入完全竞争的类型。

比如餐饮店、住宿业、服装产业等,在市场上有无数竞争对手,入行门槛低,而且本来就很难差异化。

但是,即使在疫情期间,这些行业中也有一些店铺和企业创下了良好的业绩。我发现他们虽然处于完全竞争的环境下,却采取了完全垄断的战略,成功摆脱了逆境。

❯❯ 原本月交易额仅2万日元的网店,改变战略4年后,月交易额达4000万日元

"伊比利亚屋(IBERICO-YA)"是大志公司旗下主营伊比利亚黑猪肉产品的餐厅,在东京和大阪拥有3家店铺,即使在疫情期间,它的网络邮购业务依然保持着绝佳状态。

该店2020年4月的月交易总额突破了1000万日元,7月达到了1500万日元。又在年底的商战中实现了飞跃,12月一举突破了

第4章
凭别出心裁的思维生存下去的"新创意战略"

4000万日元。

但是，4年前刚开始启动网络邮购业务时，它一直处于默默无闻的状态。

大志公司的总经理山本真三说："当时月交易总额能达到2万日元就算不错了。"

他与顶级伊比利亚橡果火腿的邂逅成了转机。山本总经理尝到它的味道时完全被迷住了，甚至不惜去西班牙的牧场工作了一个半月。

回到日本以后，他怀着满腔热忱想要销售高级猪肉。他原本经营着一家小酒馆，顾客花5000日元就可以开怀畅饮。在他将其改为专卖高级伊比利亚黑猪肉的店铺后，每位顾客平均每次消费约1万日元。

他利用商品具备的实力和服务对市场进行细分，让实体店改走高级路线。店内的特色服务有：顾客可以花25万日元购买一整根生火腿存放在店里分很多次消费，提供用密码才能进入的VIP房间等。

结果，顾客平均单次消费金额翻了一番，店铺与顾客之间的关系也更密切了。

针对那些优质客户，店员会寄送网络邮购广告，引导实体店的顾客去网店消费。

山本总经理说："优质客户在赠送礼物时对于优质产品的需求十分强烈。为了顺应这种需求，我们的网店也不再面向大众，而是改成了专卖高端礼品的网店。"

逆风翻盘
后疫情时代中小企业的自救之道

山本总经理从根本上重新审视商业模式，从网络邮购中找到了出路。该公司的主打产品生火腿驰名全国，与竞争对手的产品形成了差异化。

实体店的顾客开始通过网店购买礼品，因此销售额迅速攀升。网络邮购业务的发展速度是上一年的1.5倍，得益于此，即使在疫情期间，整个公司的收入和利润都在持续增长。

如今通过网店购买产品的顾客也开始来实体店消费，餐厅的客流量也在逐渐恢复。

第4章
凭别出心裁的思维生存下去的"新创意战略"

>> 连同POP[①]一起卖的书店

再给大家介绍一个案例,虽然属于完全竞争的行业,却成功实现了完全垄断。

位于青森县八户市的"木村书店"有点另类,不仅卖书,还卖POP。书架上摆满了画着可爱插图的POP,以书店的卡通形象"木村猫"为主。

负责POP的及川晴香女士说:"一开始我给POP画插图,是为了吸引小孩子的注意。"

她没有画插图的经验,于是开始自学,2年后将带有插图的POP贴在了店里。

没过多久,开始有顾客提出"想把POP和书一起买下来"。不知不觉间,当地人开始称其为"连同POP一起卖的书店",为了求购及川女士画的POP,光顾书店的人越来越多。

及川女士说:"有的顾客把POP带回家贴在房间里,结果朋友看到后又多买了一本书。"

木村书店2017年在推特上开设了官方账号,除了展示介绍书籍的POP,还上传了日记风格的单页漫画。通过别具一格的插图,木村书店介绍了日常的小插曲、当地的店铺等各种话题。该账号的关注人数在2021年6月已经增加到24000人。疫情开始之前,甚至有来自东京和北海道的顾客,趁着回老家探亲的机会来

---

① POP全称是Point of Purchase,意为卖点广告。POP是一种店头促销工具,包括吊牌、海报、小贴纸、实物模型等。——编者注

逆风翻盘
后疫情时代中小企业的自救之道

这是一个独特的案例,书店是一个完全竞争的行业,顾客都被网店和大型书店抢走了,而这家小书店却凭借手绘POP实现了完全垄断。

店里买书。

由于它的人气盛极一时,小学馆于2021年7月将及川女士画的POP插图汇编成册进行销售,取名《位于青森八户的小书店的可爱猫咪POP书》[1]。及川女士谦虚地表示:"今后我也想继续画POP,希望顾客能够喜欢。"看来这家东北地区的小书店刮起的POP旋风短时间内还不会停歇。

---

[1] 『青森の八戸にある小さな本屋さんの猫 がかわいいポップの本』,小学馆。——编者注

第4章
凭别出心裁的思维生存下去的"新创意战略"

▶▶ 只能在这家店买到？还是在其他店也能买到？

伊比利亚屋的网络邮购和木村书店的手绘POP之所以能够成功，原因在于他们大胆地改变了店铺的定位。

按照前文所述的SCP分析模型，伊比利亚屋从低消费的小酒馆变成了伊比利亚黑猪肉的专卖店，摆脱了完全竞争的环境，实现了完全垄断，因此客户结构发生了很大变化，使网络邮购的销售额大幅增加。

书籍这种商品本来很难和其他店铺产生差异，而木村书店却附上了原创的手绘POP，又通过推特让日本各地的读者了解，通过这种手法得以从完全竞争的环境中脱颖而出。

两者的共同点在于营造了"独家销售"的概念。他们之所以能够做成其他店铺无法模仿的生意，主要原因在于没有耍小聪明，而是从根本上改善了商业模式。

▶▶ 疫情是重新审视商业模式的最后机会

疫情引发的骚动早晚都会终结。

虽然我们无法预测大概什么时候终结，不过相信在不远的将来，这波骚动将会平息，很多生意人又会恢复原来的经济活动。

但是，那些置身于完全竞争环境下的业务，在疫情终结以后，也仍是会回到以前那样的严峻状况中。

我在采访那些在疫情中提升销售额的企业时，位于北陆的一家旅馆的经营者说:"疫情是重新审视商业模式的最后机会。"

这家旅馆在疫情期间,调整了上菜方式、服务员的待客方式等各个方面,摸索出更容易获利的经营模式。

关于招揽顾客的方式,他们不再依赖旅行社,而是自行利用网络广告吸引顾客,缩小顾客范围,锁定目标群体,这样一来,疫情期间也不断有人预约。

仔细想来,要从根本上重新审视商业模式的话,再没有比疫情期间更合适的时机了。这是用崭新的视角重新考虑商业模式、减少浪费的最佳机会。

因为处于危机之中,企业经营者更容易说服员工,而且客流量少,即使企业尝试大胆的革新,也能把给顾客带来的不便降到最低限度。

▶▶ 请把逆境当作马拉松的高原训练

对于员工来说,疫情也是开动脑筋的大好时机。

在2020年8月3日发行的《日经MJ》的采访中,连锁超市"萨米特(SUMMIT)"的总经理服部哲也用一种新奇的说法来形容疫情中的经营——"就像马拉松的高原训练"。

马拉松选手在高原训练一段时间后,回到平原时能够发挥更强的心肺功能,提高运动成绩。

同样道理,疫情中我们需要保持社交安全距离,在这种约束之下,思考我们能做什么,或许就能诞生前所未有的想法或促销方案。

实际上，在无法直接接触顾客的试吃区，萨米特的员工正在积极尝试用手写的POP吸引顾客。

随着疫情带来的影响逐渐平息，我们即将面临的主题是如何在后疫情时代生存下去。

但是，其实你如何应对疫情，已经决定了后疫情时代的胜负。

如果你想在疫情结束后再采取行动，恐怕为时已晚。你在逆境中付出的努力程度，将决定你在下一阶段能否幸存下来。

> 在逆境中生存的公司：即使是坚持了很久的业务，一旦发现不赚钱，也能果断选择放弃。
>
> 在逆境中消亡的公司：明明在逆境中必须做出改变，却害怕变化，固执地坚持陈旧的商业模式。

市场日新月异，我们也得改变自己

》》出差支出恢复的时间是"2025年左右"

疫情开始之后，人们出差的机会逐渐减少了。

出差的机会虽然不会完全消失，但是出差频率恐怕很难恢复到疫情之前的水平。

根据美国的全球商务旅行协会（GBTA）在2021年2月公布的预测结果，由于接种了疫苗，2021年全球商务旅行支出将恢复到8420亿美元，比上一年增长21%，但是要到"2025年左右"才能恢复到疫情之前的水平。

但是，2025年这个时间的前提是幸免于感染的人仍然有出差需求。

和是否感染无关，如果认为"没必要出差"的企业增多了，那么出差支出的恢复时间别说会延迟到2025年了，说不定"出差"这个概念本身都会消失。

经费削减比感染风险还可怕

远程会议和在线磋商的普及，让企业方意识到"不需要出差"。

根据en Japan[①]的调查，43%的企业导入了在线商业谈判模式，由此可见越来越多的人在疫情期间选择在网上完成商业谈判。

另外，没有导入在线商业谈判模式的企业当中，回答最多的原因是"本来商业谈判的机会就很少"，这个理由占整体的四成。因为这些企业本来就没有出差的需求，所以不能说明疫情对他们的出差需求没有影响。

关于在线商业谈判的优点（多选题），70%的企业回答"能够控制新冠病毒的扩散"，而68%的企业回答"可以削减出行、

---

① 日本大型人力资源服务公司。——编者注

第4章
凭别出心裁的思维生存下去的"新创意战略"

出差等成本",两者基本持平(图4-1)。

也就是说,即使疫情终结之后,以削减经费为由减少出差的企业增多的可能性也很大。

项目	百分比
能够控制新冠病毒的扩散	70
能够削减出行、出差等成本	68
能够迅速回应客户	32
能够提高营销人员的工作效率	25
录制商业谈判过程,有助于改善并分享提案内容	16
能够提升企业形象	9
对于录用营销岗位人员的活动有利	8
没什么特别的优点	11
不清楚	6
其他	1

图4-1 在线商业谈判的优点

这是2020年9月以日本国内大约1000家企业为对象进行的调查。我们可以发现除了疫情防控之外,削减成本也成了在线商业谈判的主要目的。

(出处)en Japan

根据矢野经济研究所在2020年5月实施的调查,网络会议的利用率达到了79.2%。显而易见,众多商务人士意识到了在线开会或磋商的便利性。

即使接种疫苗后感染新冠病毒的风险降低了，考虑到削减成本和便利性，多数企业也会选择"无须出差，在线处理"的方式，这恐怕已是不可阻挡的潮流。

可想而知，以前出差所需的交通费、住宿费，还有给不同职务发放的出差补贴都会首当其冲被指责为"无用的开支"。

大型企业大幅度控制差旅费、削减固定支出

实际上，部分大型企业已经在削减差旅费方面有所动作。

据2021年3月15日发行的《日本经济新闻》报道，小松集团不再召集海外子公司的干部来总部开会，而是改为在线会议，从而大幅度控制了差旅费，减少了252亿日元的固定支出。

日本电信电话数据公司（NTT DATA）也将差旅费削减了50亿日元以上，其中大部分是海外出差费用。马自达选择在线举办电动汽车的新车发布会，这次活动将广告等费用压缩了大约700亿日元。

根据电通公司的调查，企业在日本国内支付的广告费在2020年比2019年缩减了一成多，其中活动及会展费用减少了四成。

根据观光厅公布的数据，2020年4月至12月期间的出差/业务消费额（含交通费、住宿费等）同比减少了七成多。

由于政府号召人们尽量减少聚餐，原本一年大约39000亿日元的交际费应该也减少了。

第 4 章
凭别出心裁的思维生存下去的"新创意战略"

▶▶ 一旦被消费者认定"不需要了",产品就走到了尽头

在调查消费者的动向时,最可怕的是发现他们认为"不再需要该产品"。

如果升级版本还能使用,或者可以有效利用替代品的话,公司还可以通过改良商品在逆境中生存下去。

例如,即使书籍和报纸等纸质媒体本身"不再被人们需要了",出版行业还可以靠电子媒体生存下去。

但是,一旦人们认为该产品的存在本身没有必要,市场就会消失,整个行业都将陷入逆境。

例如,因为人们觉得"西式服装更方便",没有了穿和服的习惯,所以和服市场急剧缩小了。

盒式磁带、固定电话、文字处理机等物品,由于有完全不同的或更加先进的替代品的诞生,市场本身已经基本接近于零。

如今"出差"这种习惯也出现了同样的现象。

一旦人们觉得"不再需要",将出差会面改为远程沟通,其市场将会迅速衰退。

▶▶ 出差被指责为"无用的开支"

高度依赖商务旅客的行业也将无法避免地受到影响。

铁路行业、航空业、面向商务旅客的餐饮店和商务宾馆等,不只要承受疫情的打击,在随后而来的后疫情时代,估计也会面

临市场萎缩的局面。

出差将仅限于"一定要和对方见面"的重要情况，以前那种碰个头聊一聊的出差申请恐怕很难获批。

另外，你在出差地的开销也会受到严格审核，如果理由不够充分，或者缺乏相应的成果，领导就会说"在线沟通不就行了吗"，动不动就要你提交书面请示。

即使经济和消费情况出现稍许好转，公司认为无用的活动，也不会分配经费，毕竟管理不再那么宽松了。

在本节开头我就讲过，虽然预计出差市场将在2025年左右恢复，但是大家要做好心理准备，分清哪些行业能恢复到疫情之前的水平，哪些不能。

➤ 商务宾馆举办面向孩子的活动。打造当地人喜爱的住宿设施的新战略

出差的增减在很大程度上会左右商务宾馆的市场。如果商务人士的入住减少了，会直接影响他们的营业额。

虽然市场会恢复，但是在此期间廉价的大型连锁商务酒店会进一步扩张势力，地方上的中小型商务宾馆的生存状况将变得越发严峻。

但是，在这样的逆境之中，有一家商务宾馆为了恢复销售额，果敢地实施了冥思苦想出来的创意。

位于埼玉县幸手市的绿核宾馆于2020年7月开始提供"小型

第 4 章
凭别出心裁的思维生存下去的"新创意战略"

游乐园"服务,非常火爆。

这是小型游乐园中很受欢迎的过山车体验。面对市场的变化,重要的是随机应变,灵活改变服务的内容。

他们在宽敞的宴会厅和会议室里设置了9个可供孩子游玩的区角,例如橡皮圈射击区、涂鸦区、电动小汽车区等。每名儿童1小时的费用是500日元(住宿客人免费),要求佩戴口罩,每小时限2组家庭。到了周末和节假日,有时候甚至会预约不上。

最受欢迎的是员工亲手制作的"模拟过山车"。

他们将原本用于会议的投影仪拿出来,在大屏幕上播放过山车前排视角的视频。把箱式座椅放在用来搬运东西的平板车上,让孩子坐进去,把用来吹干地板上的蜡的大型风扇打开送风,大人前后左右摇晃平板车,让孩子体验类似坐过山车的感觉。这是他们用宾馆里现有的物品手工打造的游乐设施。

经理获野真悟说："我觉得商务宾馆市场不会再回到疫情之前的状态了。但只要行动起来，肯定就能看清下一步发展的方向。我会转变思路，继续挑战新事物。"

为了邀请当地顾客来小型游乐园，员工全体出动，手工制作了宣传广告，塞到住宅小区的信箱里。

他们在幼儿园和托儿所里也放了一些传单，吸引了很多带孩子的家长。那些家长之前虽然知道附近有宾馆，却从未去过。

后来，由于原计划限期开放的小型游乐园深受好评，他们决定继续开放。有一段时间，因为Go To旅游政策的推动，宾馆的入住率恢复到了80%以上。

获野经理说："政府发布紧急事态宣言后，情况再度变得严峻。不过现在仍然有很多顾客喜欢我们的小型游乐园。我们现在又和本地妈妈们联合起来，共同举办活动，请她们帮忙在社交网络上发布信息。为了让更多家庭知道有这样一家宾馆，我们还在推进新的策划。"

绿核宾馆对新市场的挑战才刚刚开始。

▶▶ "微旅游"的想法

商务宾馆行业的严峻状况还在持续。

但是，像绿核宾馆那样，不花一分钱，绞尽脑汁地尝试新举措，就等于迈出了战胜逆境的第一步。

第 4 章
凭别出心裁的思维生存下去的"新创意战略"

也许有人觉得"靠这种小举措无法弥补商务旅客减少造成的损失"。但是,"吸引本地顾客"对于商务宾馆来说是一种新的尝试,完全有可能开拓出一片宾馆业的新市场。

另外,在后疫情时代,为了节约旅费,预计短途旅游的人会增多,商务宾馆的顾客中,本地顾客所占的比例将会上升。

如果趁着疫情期间让那些不熟悉商务宾馆的本地人来体验一下,那么当他们的亲戚朋友来玩的时候,他们就更有可能帮忙推荐这些商务宾馆。

实际上,在疫情开始之后,星野集团就把目光对准了当地顾客,推出了"微旅游"活动。

为了让当地人体验"小型旅游",他们开始提供一种新的服务,让人们远离日常的生活,悠闲地享受美食,随心所欲地打发各自的时间。

"星野东京分店"为住在日本首都圈的人准备了体验温泉旅馆的方案,顾客可以在那里放松身心;"星野京都分店"准备了让顾客尽情体验京都文化的款待方案。

"界长门分店"打造了一间对外开放的"曙光咖啡厅",不住宾馆的人也可以光顾。

▶▶ 让员工看到"公司即将发生变化"

对于商务宾馆来说,要想开发本地顾客,是一件非常费时费力的事,而且销售额也很少。

但是，既然社会发展的趋势是这样，企业就必须朝变化的市场迈出第一步。

企业方将寻求改变的姿态展示给员工，就能激发员工的动力从而渡过难关。

假如市场已经发生了明显的变化，企业却无动于衷，员工将会感到十分不安。他们会对经营者或上司产生不信任感，越发觉得"无论做什么都没用"。

反过来，当你身处逆境时，无论挑战多么细微的事情，只要朝着新事物迈出第一步，把你的这种姿态展现给员工，他们就会振作精神，勇敢地直面逆境。

公司勇于挑战的样子，会成为员工的范本，这种积极向上的挑战精神会大大改变公司内部的氛围。

为了生存想尽一切办法

在疫情结束之后，会有"消失的习惯"和"保留的习惯"。希望大家理解这一点。

例如"在店门口消毒"的习惯，等到感染风险降低了，估计人们又会恢复"进店前不消毒"的习惯。因为管理起来很麻烦，放在门口又占地方，所以消毒液会从店门口消失。

反过来，"戴口罩"的习惯估计会保留下来。

虽然戴口罩也挺麻烦，但是冬天可以为面部抵御寒冷，也是一种预防感染的措施。

第4章
凭别出心裁的思维生存下去的"新创意战略"

对于女性来说,戴口罩也是一件轻松的事,因为下半边脸的妆容不需要那么精致。因此,疫情结束之后也可能会有很多人选择继续使用口罩。

将这些事物分一下类,你就会发现消失的习惯都是"麻烦的东西",而保留的习惯都是"简单的东西"。

消毒和测体温很费事,属于"麻烦的东西",所以疫情结束后很可能会消失。

反过来,网络邮购和远程办公等属于"简单的东西",预计会趁着疫情在市场扎根。

不用花钱就能"简单"玩的在线游戏、不用出差就能"简单"磋商的线上会议等,也很可能会保留下来。

大家需要客观地分辨一下,自己经营的商品或提供的服务在后疫情时代属于保留的习惯还是消失的习惯。

例如前文提到的出差,因为可能无法回到从前的水平,所以商务宾馆必须像绿核宾馆那样,推出新的下一步举措,探索生存下去的道路。

再如,年终联欢会和新年聚会在疫情结束后也许会恢复,但是一旦冬天感冒病毒再次蔓延,聚会就很可能马上被中止、延期。

即使不是新冠病毒,而是普通的流感病毒,媒体也可能会呼吁人们停止聚餐。那些容易传染冬季感冒病毒的集体活动将很容易被叫停。

一旦出现这种情况,那些主要面向团体顾客的餐饮店就必须

逆风翻盘
后疫情时代中小企业的自救之道

想办法填补年终联欢会和新年聚会的空白。

例如，给顾客提供打包服务，如除夕夜吃的荞麦面[①]和过年吃的团圆饭；向顾客提出在11月提前办年终联欢会的方案。你需要以市场不会恢复为前提，不断思考新的创意。

大家不要觉得"我们这一行肯定没问题"，你要丢掉这种正常化偏误[②]，保持忧患意识，不断尝试新的举措。企业要想正面迎击逆境，需要这样的姿态。

> 在逆境中生存的公司：具备忧患意识，能够为市场消失做预案，抢先一步挑战新业务。
>
> 在逆境中消亡的公司：对市场的估计过于天真，觉得"肯定没问题"，固执地坚持以往的销售方式。

不花一分钱，在逆境中打造畅销商品的方法

> 成为搞笑艺人的概率是0.8%。流行金曲诞生的概率是4%

日本的单口相声中有一个词叫"千三屋"。

这个词的意思是牛皮大王，一千句话里面只有三句真话，经

---

① 日本有在除夕夜或立春前夜吃荞麦面的习俗。——编者注
② 正常化偏误（normalcy bias）指当灾难发生的时候，人们往往意识不到灾难的发生，还以为一切都正常，从而耽误了挽回的最佳时机，导致更大的危险。——编者注

第4章
凭别出心裁的思维生存下去的"新创意战略"

常用来形容房地产或金融行业中骗人的经纪人。

后来,在饮料行业,据说即使生产1000种新商品,也只有3种商品畅销,因此营销领域出现了"千三种"的说法。

那么,畅销商品诞生的概率究竟有多少呢?

2006年,麒麟饮料公司营业总部的营销部长佐藤章当时正在负责商品开发,他在接受《日经×TECH》的采访时回答说:"感觉每年2胜100负吧。要是1年能开发出来一两种畅销商品,那就算干得不错了。"

按照佐藤部长的话来说,成功率大概是2%。

另外,自由制作人木村政雄在2006年参加访谈时说,吉本综合艺能学院[1](NSC)在东京和大阪共招收1200名学员,最后成为搞笑艺人的也就10个人。

这里的成功概率就是0.8%。

还有一个案例,某位昭和年间著名的作曲家在生前接受采访时回答说:"创作5000首歌,其中大概200首能流行。"这样一算,成功概率是4%。

不同行业的成功标准各不相同,很难一概用数字表示,大致推算一下的话,成功的概率差不多在0.1%~4%。

▶▶ 给曾经失败过的商品一个机会

考虑到畅销商品诞生的概率,你想要通过新商品逆转形势,

---

[1] 日本有名的搞笑艺人培养机构。——编者注

逆风翻盘
后疫情时代中小企业的自救之道

恐怕存在相当大的难度。

企业一旦陷入逆境,应该既没有充足的预算,也没有富余的人力和时间。

在这样严峻的情况下,估计新商品成功的概率会低于1%。

但是,即使在逆境当中,仍然有帮你尽量提高成功率的创意思维方式。

那就是"再利用"的思维方式。

开发新商品时,企业会花费巨额的成本。

开发商品需要很多人手,创意转化为商品也需要很长时间,因此当企业经营困难时,开发新商品的战略风险太大。

但是,如果是重新利用现有的商品,情况就大不相同了。

因为利用的是库存商品,所以基本不需要开发成本。你不用花费额外的时间和精力,马上就可以把它上架出售。

只是改变一下现有商品的用法或者命名,就能让以前不受关注的商品突然变得火爆起来,这样的案例并不稀奇。

例如,眼镜品牌睛姿(JINS)推出的防蓝光电脑专用眼镜"JINS PC",就是将过去的眼镜产品改为电脑专用,结果在2013年累计售出200万副,成了畅销商品。

通过一个创意,让现有的商品摇身一变成为畅销商品,这就是"再利用"这种思维方式的力量。

第4章
凭别出心裁的思维生存下去的"新创意战略"

▶▶ 拯救了熊野毛笔的经营！月销300瓶的化妆刷清洗液

我给大家介绍一个案例，就是通过再利用的思维方式，凭借畅销商品让处于逆境的家业成功获得了新生。

中村隆先生的父亲在广岛县熊野町经营一家店，名叫"博云堂笔铺"，销售熊野毛笔和化妆刷。

但是，他父亲2012年去世了。他母亲继承了家业，然而销售额锐减，陷入了连生活费都捉襟见肘的状态。

中村先生虽然想亲自打理家业，但他只是一个在当地企业上班的小职员，不能一天到晚在家帮忙做生意。

他说："我想如果在网上销售的话，我就不用辞职，也可以帮家里的忙了。"

于是，他立刻开始调查，想在网上销售熊野毛笔，结果发现很多顾客反映不知道怎么清洗化妆刷。

顾客们表示："如果用洗发水清洗化妆刷，就会留下异味，还容易损伤刷毛。但是，在网上搜索，也查不到其他清洗方法。"

中村先生发现，熊野毛笔的竞争对手很多，而化妆刷的清洗产品存在商机，于是他决定开始研发清洁剂。

他订购了100多种清洁剂，和厂家多方交涉，花了5年时间研制出理想的清洁剂。

后来，中村先生为了掌握网络销售的技巧，专门读了制作网页的学校，正式开始学习网店运营。

"我每个月参加3次与网络相关的讲习会，为了学习在亚马逊

逆风翻盘
后疫情时代中小企业的自救之道

销售商品的技巧,也曾前往他们的东京总部咨询。"

中村先生将目光投向化妆刷的清洗液,而不是主营的熊野毛笔和化妆刷,精心打磨出了畅销商品。

他的苦心得到了回报,用来清洗化妆刷的产品"熊野笔清洗液"成了畅销商品,在网上月销300多瓶。

中村先生回顾自己拼命努力的动机,说道:"现在的销售额至少能够支付母亲的生活费了。如果我当初只是抱着试试看的想法干副业的话,恐怕没办法做到这么努力。"

由于疫情,搞促销活动的机会减少了,但是网络邮购的销售额在增长。他还努力扩大销路,包括在网上的商城开店。

第 4 章
凭别出心裁的思维生存下去的"新创意战略"

>> 比起"数值",锦宫[①](King Jim)更重视"场景"

这个案例的转折点在于,中村先生将主要商品从竞争对手很多的熊野毛笔转向竞争对手很少的化妆刷清洗液。

他通过坚持不懈地调查市场,找到适合网上交易的现有商品,提升其性能,才催生了在逆境中取胜的商品。

但是,新商品的创意不是你想要的时候就能有的,这是一个现实问题。

包括我在这个案例中介绍的再利用在内,所有产生新商品创意的思维方式,都没有规则可循。

那么,要想产生这些创意,有没有什么秘诀呢?

锦宫的常务董事龟田登信总部长接连推出了标签打印机"贴普乐"、电子记事本"波梅拉(Pomera)"等一系列畅销商品。我在网上找到了一段他在接受采访时说的很有意思的评论。

"我在商品投产之前最看重的是'在头脑中描绘怎样的使用场景',而不是具体的需求或数值。在提出'波梅拉'的企划方案时,资料中虽然写了很多数值,例如'笔记本电脑的上市数量',但那只是其中一个作为比较对象的数据。更主要的是说明使用场景,比如'当你想做笔记时,用现在的笔记本电脑不太方便'。当被问到'你没有同样的烦恼吗'时,即使自己不是目标客户,也能想象遇到困难的场景、能够理解产品的用途。这样的

---

① 日本文具商,产品以电子类文具和收纳类产品为主。——编者注

逆风翻盘
后疫情时代中小企业的自救之道

商品才有长期畅销的可能。"（选自《Marketing Native》）

在开发畅销商品时，人们往往容易被过去的销售情况和营销对策牵着鼻子走，结果离畅销商品越来越远。

尤其是再利用的商品，人们经常容易陷入对现有商品的模仿，为了避免这种情况，不停地改变营销手段，最后陷入困境的企业也有不少。

但是，如果某种商品能让人联想到急需它的场景，那么一定会有需要它的顾客，也一定会有想要解决这些困难或烦恼的人。

如果你想把卖不出去的现有商品通过再利用打造成畅销商品，就要具体想象顾客"感到为难的场景"，这会给你的新创意提供启示。

接下来，在第5章，我将给大家介绍一些公司，它们根据社会上的流行趋势改变自己的商业模式，使之符合新的商业体系，成功将逆境转变成了机遇。

这些小公司紧跟时代的急剧变化，推出了电子会员制、工作分摊、远程办公室等举措。我们将通过这些案例，考察一下现在生意场上发生的翻天覆地的变化。

在逆境中生存的公司：真诚地面对顾客的烦恼，能够从现有的商品中开发出畅销商品。

在逆境中消亡的公司：误以为单凭市场营销和数据就能开发出畅销商品。

第 5 章

疫情之下,顺应新消费动向的"新时代战略"

电子会员制的优势已得到证明

>> 由于疫情，每两个人当中就有一人成为新会员

所谓电子会员制（subscription），是指一种商业模式，会员通过支付一段时间的费用，可以享用某种商品或服务。

"subscription"这个词来自动词"subscribe"，意思是"订阅"。

"电子会员制"和"定期购买"的区别在于是否以顾客为主体提供服务，广义上来说，以前的"包月制"和"租借"也属于电子会员制。

电子会员制之所以能够普及，原因在于企业通过线上更容易提供无形的包月制服务。

企业通过智能手机更容易征收包月费用，"电子会员制即随便用"的认识一下子在消费者中间扩散开来。

除了开通会员就可以随便看电影的亚马逊精品视频、可以包月听音乐的声田（Spotify）、苹果音乐（Apple Music），在服装、杂货、食品等领域，消费者也可以包月享受商品或服务。近年来使用电子会员制服务的人正急剧增多。

根据排行王[①]的调查，电子会员制的知名度已经达到95%，用户也超过了77%（图5-1）。

---

① 排行王（Rank King）是日本一家展示消费相关的排行与口碑的信息平台。——编者注

第 5 章

疫情之下，顺应新消费动向的"新时代战略"

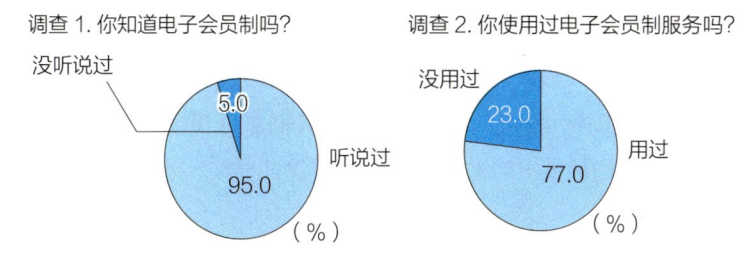

调查 1. 你知道电子会员制吗？
没听说过 5.0
听说过 95.0
（%）

调查 2. 你使用过电子会员制服务吗？
没用过 23.0
用过 77.0
（%）

图5-1　电子会员制的知名度

这是2020年9月，以十几岁到六十几岁的1000名男女为对象进行的调查。调查结果显示，77%的人回答"至少用过一次"电子会员制服务。

（出处）排行王

由于疫情，使用电子会员制服务的人急剧增加。

根据"东证money部！[①]"2020年6月开展的"关于金钱的问卷"调查，在2020年3月至5月响应政府号召尽量减少外出期间，使用电子会员制服务的人当中，新用户占55.2%，超过了半数。

另外，根据矢野经济研究所的统计，2020年度电子会员制的市场规模按照消费者支付金额计算为8759.6亿日元，比上一年度增长了28.3%；预计2021年度将同比增长13.8%，达到9965亿日元。

>> 经济低迷时适合电子会员制

为什么疫情期间适合电子会员制呢？

第一个原因是，居家让家人团聚的机会增多了。由于可以多

---
① 介绍理财知识的网站。——编者注

个人共享商品或服务，电子会员制的优点就凸显出来了。

第二个原因是，消费者可以使用电子会员制服务控制支出。

比起直接购买商品，使用电子会员制服务更能控制初期费用，不需要的话就可以取消。在经济低迷的时候，这种服务深受消费者的喜爱。

第三个原因是电子会员制给人带来了心理上的解放感。

疫情让人产生了闭塞感，而"随便用"的服务消除了人们心理上的束缚，可以让消费者的心态变得积极向上。

早在疫情开始之前，使用电子会员制服务的人就呈增加趋势，消费者不再执着于对商品的拥有，这也是电子会员制普及的一大原因。

比起拥有物品，越来越多的消费者更重视使用物品的体验上，因此扩大了电子会员制的市场。

麒麟啤酒、大丸松坂屋百货店、日比谷花坛纷纷加入

导入电子会员制对于企业方来说也有很大好处。

当经济状况不稳定的时候，会员的包月费用会成为宝贵的收入来源。

另外，当经济停滞不前时，企业很难获得新顾客，由于电子会员制带来了稳定的客源，所以企业可以最大限度地保证销售额。

实际上，疫情开始之后，越来越多的企业开始提供电子会员制服务。

第 5 章
疫情之下，顺应新消费动向的"新时代战略"

大丸松坂屋百货店于2021年3月开始实施女装电子会员制"另一件（AnotherADdress）"。

会员每个月可以从日本国内外的50个品牌当中最多选择3套喜欢的衣服租借使用，包月费用含税共11880日元，包括邮费和干洗费用。一开始店里准备了3000套可供选择的服装，据说5年后的目标是增加到20万套服装，会员人数达到3万人，销售额达到55亿~60亿日元。

麒麟啤酒的电子会员制"麒麟家用龙头（hometap）"鲜啤送货上门服务曾经中断过一段时间，2021年3月又重新开始了。

每杯（330毫升）啤酒的含税价格最低385日元，比罐装啤酒略贵一些，公司目标是在2021年度将会员人数从3万人增加到10万人。

实施了一段时间的电子会员制服务发展得也很顺利。

日比谷花坛提供的电子会员制服务"花之日"规定，会员可以在旗下的鲜花店领取鲜花。该服务在2020年2月有1万名会员，到了2021年1月，会员增加到了3万名左右。

公司最初的目的是开拓新顾客和增加需求，由于疫情，越来越多的人减少了外出次数，购买鲜花装饰家里的人急剧增多，推动了销售额的增长。

▶▶ 拉面连锁店的"饺子月票"颇受欢迎

疫情期间诞生了各种各样的电子会员制服务，苦苦挣扎的餐

逆风翻盘
后疫情时代中小企业的自救之道

饮业提供的包月服务也受到了广泛关注。

位于东京都丰岛区的"福神"公司在东京经营着33家拉面店,它提供的"福神饺子月票"颇受欢迎。会员凭月票每天最多可以免费吃3次一盘装6个的饺子(单价含税200日元)。

会员通过智能手机每月支付500日元就能获得"福神饺子月票"。使用该月票的条件是点单消费超过350日元。一碗手擀拉面390日元(含税),一杯鲜啤酒430日元(含税),所以只要你点了主食或饮品,就一定会附赠饺子。

总经理高桥顺说:"有的顾客一个月使用30多次月票。"

为餐饮店的经营提供援助的公司开发了一种可以通过智能手机管理会员的系统,高桥总经理便趁此机会,从2020年1月开始导入包月服务。

福神导入了通过智能手机管理会员的系统之后,征收包月费用和管理会员变得更容易了。

第 5 章
疫情之下，顺应新消费动向的"新时代战略"

但是，随后政府宣布紧急事态宣言，公司不得不缩短营业时间。"店铺受到了沉重的打击。不过，无论是疫情之前还是疫情开始之后，会员每个月平均光顾次数都是4次，这个数字没有变。"

高桥总经理发现会员来店就餐的频率和往常一样，因此就让员工继续努力地在店门口推销饺子月票。

在紧急事态宣言期间，经营状况一直很严峻，不过公司开展了促销活动，给每位新会员赠送一张价值500日元的亚马逊礼品卡。截至2021年5月底，会员人数增加了接近600人。

公司的店铺主要分布在疫情防控很严的东京都内，顾客人数却是上一年的1.2倍，呈增加趋势。在热情的粉丝顾客的支持下，公司期待能在疫情结束后恢复销售额。

》电子会员制店铺在疫情中展示了压倒性优势

导入了电子会员制的餐饮店，在疫情期间很快就恢复了销售额。

美食网站费维（favy）面向餐饮店提供电子会员制服务，它调查了2020年4月紧急事态宣言前后的顾客行为，发现导入电子会员制的餐饮店在紧急事态宣言后所受影响较小，而且紧急状态解除后顾客回流较快（图5-2）。

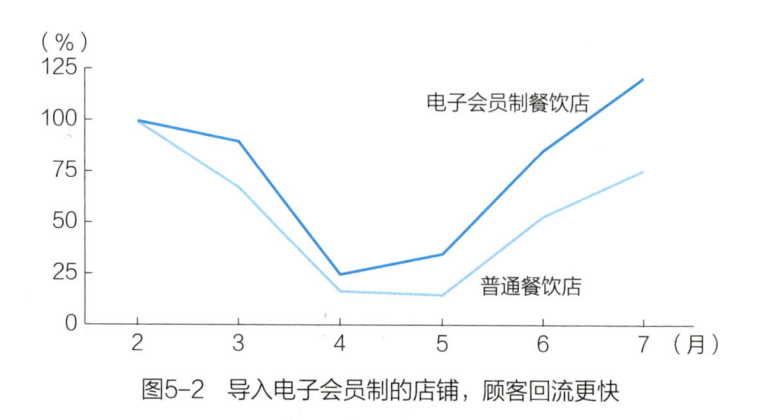

逆风翻盘
后疫情时代中小企业的自救之道

图5-2 导入电子会员制的店铺，顾客回流更快

调查数据来自累计65000名的费维电子会员制会员。这幅图表示以2020年2月为基准（100%）时的变动值。光顾普通餐饮店的顾客人数，根据所有通过费维预约的顾客的预约数据计算得出。光顾电子会员制餐饮店的顾客人数，根据所有注册费维会员的顾客使用数据计算得出。由此可见，比起普通餐饮店，电子会员制餐饮店的顾客回流更快。

（出处）费维

通过留住会员维持稳定的销售额

电子会员制餐饮店之所以能够在疫情中保持优势，除了能让顾客感到划算，店铺方可以通过电子会员制获得顾客信息也是很重要的原因。

餐饮店很难获得个人信息。无论多么高级的餐饮店，如果店员突然说"请告诉我您的个人信息"，顾客都会被吓跑。

但是，如果你使用福神公司导入的"费维电子会员制"系统，由于顾客必须通过网络支付包月费用，你就可以用类似网络

第 5 章
疫情之下，顺应新消费动向的"新时代战略"

购物的形式获得个人信息。

这样一来，即使在紧急事态宣言期间，你也可以经常把店铺信息推送给顾客，即使顾客当时不敢外出，也会一直保持去店里消费的意愿："下次外出时去我们开了会员的店里吃吧。"

即使你不导入电子会员制，也可以通过社交网络或者LINE[①]的官方账号给顾客发送信息。

但是，如果顾客忘记了你的店，就不会看你的社交网络。虽然你也可以通过LINE官方账号给顾客发消息，但是不能收集顾客来店就餐或消费的数据，无法进行顾客管理。

反过来，导入电子会员制以后，你既可以管理顾客，又可以发送消息，可以根据自己的意愿招揽顾客。由于电子会员制总是带给顾客一种很划算的感觉，所以你的店被选中的概率也会提高。

如果使用传统的纸质会员卡，即使你能获得顾客的个人信息，发送信息时也需要通过邮局，所以发布信息需要花费巨额成本。

如果没看到会员卡，顾客就想不起来你的店，也不记得会员卡的有效期，办理更新手续也很麻烦。

但是导入电子会员制以后，这些障碍全都可以在网上解决，所以电子会员制成了疫情期间恢复销售额的关键因素。

人们往往认为电子会员制的优点是它意味着包月更划算，其

---

① 日本人普遍使用的一款即时通信软件。——编者注

实可以在网上进行以前很难做到的顾客管理，才是电子会员制在逆境中发挥优势的真正原因。

》》九成电子会员制以失败告终

但是，有些公司进展不顺利，被迫撤销了电子会员制，这些案例也十分引人注目。

烤肉连锁店"牛角"推出了一项"随便吃PASS"的活动，每月支付11000日元就可以不限次享用价值3480日元（不含税）的"牛角套餐"。但是，实施该活动的3家店铺很快就被预约满了，即使顾客持有"随便吃PASS"的会员卡，也无法进入店内，所以该活动大约1个月之后就停办了。

青木（AOKI）控股公司提供西装租赁服务"套装盒（suitsbox）"，有三种套餐可供选择，会员每月最低支付7800日元（不含税），每月都能租借西装、衬衣和领带。由于看不到盈利的希望，这项服务仅持续了半年，于2018年12月撤销。

根据咨询公司酷尼艾（QUNIE）以828名推行过电子会员制业务的人为对象进行的调查，在回答者亲自推行过的电子会员制业务中，有91%的业务其关键绩效指标（KPI）的达成率低于100%（图5-3）。

在该公司2020年7月公布的"新业务的实际状况调查"报告中，关键绩效指标达成率低于100%的比例为79%。通过对比两组数字，我们可以发现电子会员制业务比一般的新业务失败的概率更大。

第 5 章
疫情之下，顺应新消费动向的"新时代战略"

成功：达成率超过100%
9%
（74人）

失败：达成率低于100%
91%
（754人）

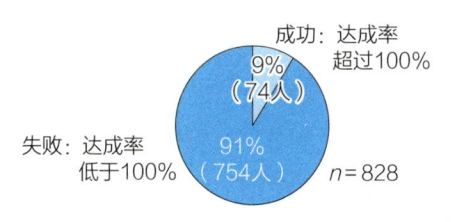

n=828

图5-3　电子会员制业务容易失败

这是2021年1月进行的电子会员制业务的实际状况调查。约九成电子会员制业务以失败告终。

（出处）酷尼艾（QUNIE）

但是，也有公司通过反省原来提供的电子会员制服务存在的问题，吸取教训后重新开始，结果人气暴涨。

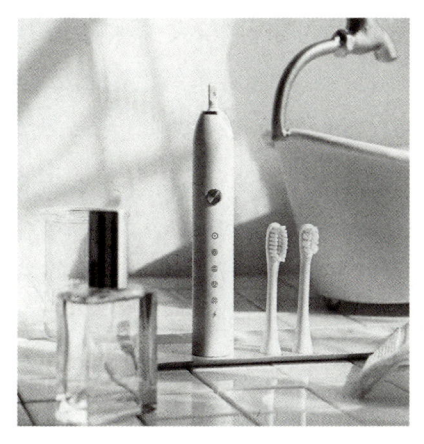

公司通过提供适合在网上晒美照的电动牙刷，试图在社交网络扩大销量。

147

逆风翻盘
后疫情时代中小企业的自救之道

2019年10月,日用品公司"丝可(SIKI)"的总经理大林浩了解到国外正流行日用品的电子会员制,于是导入了剃须刀备用刀片的电子会员制服务。但是,会员人数的增长没有想象的那么快。

大林总经理说:"这个服务只针对男性,所以市场规模有点小。备用刀片的寿命比预想的长,更换周期长也是烦恼的根源。"

吸取了这个教训,下一步他就开始了电动牙刷的电子会员制服务"佳雷多牙科会员(GALLEIDO DENTAL MEMBER)"。这个服务大家都能使用,与性别无关,所以市场规模很大。牙刷到了该换的时候,刷毛就会卷起来,从视觉上就会提醒人们"差不多该换了"。从电子会员制服务的角度来看,牙刷的优点是使用周期比剃须刀的备用刀片短,容易预测。

大林总经理说:"电动牙刷给人一种高级家电的印象,所以顾客会觉得加入会员很划算。跟节约相关的话题很容易通过街谈巷议或社交网络在家庭主妇等女性之间传播,我觉得这也是会员人数增加的原因。"

2020年4月,他在疫情期间导入了这项服务,仅用了1年零两个月会员人数就突破了3万人。电动牙刷的主体部分免费,用于替换的牙刷头每支308日元(含税)。由于这个价格非常实惠,受到了顾客的欢迎。顾客满意度也很高,会员续费的比例为98.2%。

由于电子会员制是一项新兴的服务,有很多事你不尝试一下就不知道。

第 5 章
疫情之下,顺应新消费动向的"新时代战略"

但是,正因为是一项未知的业务,尝试过后就会收获很多经验。

如果你把第一次尝试电子会员制当作一次学习的机会,那么第二次成功的概率就会上升。要想成功导入电子会员制,最重要的是挑战精神——"首先要尝试一下",还需要改善能力——"分析存在的问题,下一次吸取教训加以改正"。

▶▶ 成功的条件是"利用现有系统""提高知名度""共享价值观"

要想在逆境之中成功实施电子会员制,需要满足3个条件。

第一,要有效地利用现有的电子会员制系统。

由于顾客管理非常复杂,所以开发电子会员制系统要花很多成本。

如果是信息技术企业,公司内部常驻系统工程师的话,也可以自主研发电子会员制系统。不过,如果不熟悉网络的企业盲目导入电子会员制业务的话,只会增加成本,很难盈利。

通过有效利用现有的包月制或租借系统,例如福神公司导入的"费维电子会员制"等,可以控制初期投资,更容易让电子会员制业务步入正轨。

第二,要投入成本,用于提高服务的知名度。

电子会员制这种商业模式,只有会员人数增加了,才会产生规模效益。

反过来说，盈亏平衡点[1]很高，如果会员人数不增加，就会只增加成本，业务就很难持续下去。

尤其是针对那些非日常的服务和小众的服务，虽然没有竞争对手，但是由于会员人数不会增加，电子会员制业务往往会中途受挫。

前文提到的电动牙刷的电子会员制"佳雷多牙科会员"，一方面通过社交网络宣传口碑，另一方面活用网络广告，使知名度实现了飞跃式提升。

宣传战略很重要，不但要投入足够的宣传广告费，还要利用新闻公告、网络广告、社交媒体等多种途径提高知名度。

第三，要共享价值观和世界观。

加入电子会员的人的价值观大部分是"不一定要拥有物品"，同时重视"体验"和"心情"。

顾客在对企业的价值观、理念、方针产生共鸣后，才会加入电子会员。所以服务理念、企业方针需要具有一定的感染力，能够让顾客持续为会员续费。

电子会员制乍一看就是简单的包月制商业模式，但是导入时需要周密的计划和准备。

大家最好做好在业务步入正轨之前，需要花费一定的时间的思想准备。

---

[1] 盈亏平衡点（Break Even Point）简称BEP，指全部销售收入等于全部成本时的产量。——编者注

第 5 章
疫情之下,顺应新消费动向的"新时代战略"

> **在逆境中生存的公司**:知道电子会员制不仅会让顾客感到划算,还方便管理顾客,而且必须谨慎地做好事前准备。
> **在逆境中消亡的公司**:一时兴起就开始电子会员制业务,由于准备不充分,只能仓促撤销。

通过共享员工解决小地方的人才短缺问题

》 日本航空公司(JAL)的职员成了巫女

由于疫情,企业纷纷采取了"共享员工"的举措。

由于宅家消费,野岛电器(Nojima)的家电非常畅销,截至2021年春天,该公司接收了大约300名来自日本航空公司和全日空航空公司(ANA)的员工。

永旺(AEON)零售公司也从大型连锁居酒屋"烟囱(Chimney)"接收了45名员工,和民餐饮公司也向低价乌托邦(LOPIA[①])超市派出了大约130名正式职员。

日本航空公司的地勤员工作为巫女[②]被派遣到位于福冈县宗像市的宗像大社,引发了热议。

共享员工作为一种新的雇用方式,即使在疫情结束之后,也

[①] 英文Low Price Utopia的缩写。——译者注
[②] 日本神社中的未婚女性神职人员。——编者注

逆风翻盘
后疫情时代中小企业的自救之道

会得到很多企业的认可。

求职网站我的导航（Mynavi）在2021年1月进行的调查显示，想要共享员工（也包含工作分摊）的企业超过了七成，其中想积极接收员工的企业占62.0%，想积极派出员工的企业占48.6%（图5-4）。由此可见，很多企业对于这种新的雇用方式持积极接纳的态度。

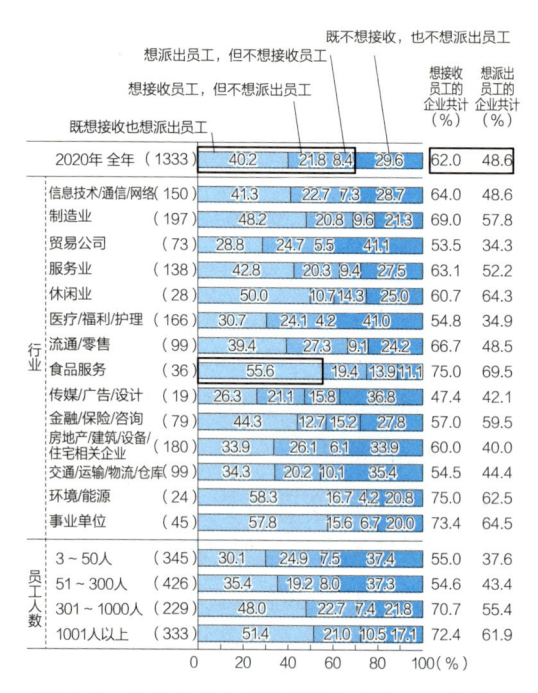

	既想接收也想派出员工	想派出员工，但不想接收员工	想接收员工，但不想派出员工	既不想接收，也不想派出员工	想接收员工的企业共计(%)	想派出员工的企业共计(%)
2020年全年 (1333)	40.2	21.8	8.4	29.6	62.0	48.6
信息技术/通信/网络 (150)	41.3	22.7	7.3	28.7	64.0	48.6
制造业 (197)	48.2	20.8	9.6	21.3	69.0	57.8
贸易公司 (73)	28.8	24.7	5.5	41.1	53.5	34.3
服务业 (138)	42.8	20.3	9.4	27.5	63.1	52.2
休闲业 (28)	50.0	10.7	14.3	25.0	60.7	64.3
医疗/福利/护理 (166)	30.7	24.1	4.2	41.0	54.8	34.9
流通/零售 (99)	39.4	27.3	9.1	24.2	66.7	48.5
食品服务 (36)	55.6	19.4	13.9	11.1	75.0	69.5
传媒/广告/设计 (19)	26.3	21.1	15.8	36.8	47.4	42.1
金融/保险/咨询 (79)	44.3	12.7	15.2	27.8	57.0	59.5
房地产/建筑/设备/住宅相关企业 (180)	33.9	26.1	6.1	33.9	60.0	40.0
交通/运输/物流/仓库 (99)	34.3	20.2	10.1	35.4	54.5	44.4
环境/能源 (24)	58.3	16.7	4.2	20.8	75.0	62.5
事业单位 (45)	57.8	15.6	6.7	20.0	73.4	64.5
3~50人 (345)	30.1	24.9	7.5	37.4	55.0	37.6
51~300人 (426)	35.4	19.2	8.0	37.3	54.6	43.4
301~1000人 (229)	48.0	22.7	7.4	21.8	70.7	55.4
1001人以上 (333)	51.4	21.0	10.5	17.1	72.4	61.9

图5-4 关于企业雇用措施的报告（2021年）

这是针对企业的1333名社招负责人进行的调查。由此可见，很多企业对于共享员工的措施持积极接纳的态度。

（出处）我的导航

第 5 章
疫情之下，顺应新消费动向的"新时代战略"

❯❯ 大约两个月就有1700人申请在籍型派遣

日本政府也对共享员工的措施表示了积极支持。

日本政府在2020年度第3次追加预算中创设了产业雇用稳定补助金，支持在籍型派遣，也就是说那些由于受疫情影响业绩恶化的企业继续跟自己公司的员工签订雇用合同，同时将他们派遣到缺少人手的企业。

针对派遣企业和接收企业，每派遣或接收一人，每天最多补助共计12000日元，同时，作为派遣所需的初期经费（教育培训、配备办公用品），给双方的补助金为每名员工最多15万日元。

该制度开始实施以后，大约两个月时间里，就有1700多人申请，其中大约七成是在中小企业工作的员工。

据NHK新闻网（NEWS WEB）统计，派出员工的行业当中，"运输业/邮政业"有685人（38.9%）、"制造业"有494人（28.1%）、"住宿业/餐饮服务业"有194人（11.0%），旅游相关行业、航空产业等受疫情影响较大的行业都在积极利用共享员工的措施。

另外，接收员工的行业当中，"制造业"有586人、"服务业"有270人，多数情况是因为缺少人手。

如果趁着疫情这个机会，共享员工的措施得以普及的话，就能解决各种行业的人才短缺问题。

很早以前，日本的劳动力不足就是一个严重的问题，尤其是护理业和农业长期缺乏人手，一直处于人才短缺的状态。

逆风翻盘
后疫情时代中小企业的自救之道

地方与首都的待遇差距、正式员工和非正式员工的工资差距等，日本存在的很多聘用差距问题在疫情之下凸显出来了。

特别是如果疫情结束之后，日本经济开始正常运转的话，餐饮业及旅游相关的服务业很可能突然面临人手不足的问题。

那些由于疫情不得不停止工作或跳槽的劳动力，不会从工资水平较高的物流行业或制造业回来，而企业由于招不到人，不得不提高计时工资。比起疫情之前，估计会有更多服务业的企业和店铺面临人手不足的苦恼。

如果你不积极利用共享员工等新的雇用方式，采取措施解决问题的话，就将遭遇前所未有的人才短缺难题。

▶▶ 温泉旅馆的员工在樱桃园工作

天童温泉大致位于山形县的正中央，由于交通便利，吸引了县内外的众多游客。

但是，由于疫情的影响，自2020年4月上旬左右，天童温泉公司的大多数住宿设施都关门歇业了，很多员工在家待业。

天童温泉旅馆也不例外，但正在这个时候，樱桃园那边提议说："可以请你们在家休息的员工来我们的樱桃园帮忙采摘吗？"

提出这个建议的是"山形樱桃农场"的总经理矢萩美智，他在天童市内拥有一个叫王将的果树园。

每年一到收获的季节，就有约20000名游客来果园采摘樱桃，但是2020年由于疫情游客踪迹全无。精心培育出来的樱桃却

第 5 章
疫情之下，顺应新消费动向的"新时代战略"

没有人来吃。

"我们果园的面积相当于两个东京巨蛋[①]，樱桃果实挂满了枝头，每年都要临时聘请20名短期工，不然就来不及收获。但是，2020年顾客们都取消了预约，所以我们来不及采摘。两三吨成熟的樱桃眼看就要烂在树上了。"

矢荻总经理很苦恼。他听说天童温泉旅馆停止营业的消息后，心想也许可以拜托他们帮忙采摘樱桃，于是抱着试试看的想法去找天童温泉协商。

天童温泉那边负责接待他的是旅游业务科的铃木诚人，该科的主要工作是带动市内的地域经济。

铃木先生表示，"员工一直待在家里也很难熬，我觉得多少能给他们增加点收入，于是决定接受矢荻总经理的提议。"

双方谈妥了费用问题，由王将果树园给短期工发放工资，又通知了在家待业的员工，结果召集了近10名员工。

但是，他们的本职工作是天童温泉旅馆的员工。没有经验的人也能帮忙采摘樱桃吗？

矢荻总经理说："完全没问题。这个工作只是简单的重复作业，只要教给他们技巧，谁都能完成。"

[①] 东京的大型体育馆，面积约47000平方米，拥有55000个座位。——译者注

155

逆风翻盘
后疫情时代中小企业的自救之道

▶▶ 双重工作的两个好处

天童温泉旅馆的待业员工给人手不足的农场帮忙,结果双方的烦恼都消除了。

除此之外,这次企划对于天童温泉来说还有两个好处。

第一点,员工有了樱桃采摘的体验,可以给住宿客人详细描述采摘樱桃的情形,更方便给他们推荐。

这是天童温泉的员工采摘樱桃的场面。通过这份工作,他们给住宿客人提供的服务也更全面了。

过去一到6月的采摘旺季,温泉旅馆也变得繁忙起来,员工就无法体验樱桃采摘了。

因此,当顾客问起樱桃采摘的事时,他们没办法准确回答。

但是,员工亲自帮忙采摘樱桃之后,就可以根据自己的体

第 5 章
疫情之下，顺应新消费动向的"新时代战略"

验，推荐住宿客人去采摘樱桃。

由于疫情，员工得以有时间体验采摘，对于天童温泉旅馆来说，这也是提高员工的待客技能的好机会。

第二点，推进了员工工作方式的改革。

最近，身兼两份工作的双重工作方式受到了人们的关注，不过，由于小地方特有的风俗习惯，人们很难理解开创副业的想法。

铃木先生说："很多人觉得因为是小地方，收入少是理所当然的事。但从事单一工作，员工就无法积累本职工作以外的经验，我希望能打破这种状况。如果副业有利于完成本职工作，对于公司和个人来说，都是一笔无可替代的财富。这次的合作能一举解决这两个问题，所以我非常愿意尝试。"

接收待业员工的王将果树园负责人也持有同样的想法。

矢荻总经理说："不只是采摘樱桃的季节，在这之前农民也很忙，4月和5月要管理苹果、法国洋梨和葡萄的生长。光是这一段时间，能请到温泉旅馆的员工来帮忙的话，我真的很感激。"

在大城市的中心地带，以疫情为契机，很多公司纷纷采取远程办公或在家办公制度。

工作方式改革带来的急剧变化同样也影响了地方城市，工作形式即将发生巨大变化。

▶▶ "只在一家公司上班"的时代结束了

天童温泉旅馆的共享员工的案例也可以应用于其他行业。

逆风翻盘
后疫情时代中小企业的自救之道

例如，制造业处于淡季时承包运输公司的工作，在超市的工作结束后从事护理工作，也可以考取相关的资格证书。

雇用方通过共享员工可以解决人才短缺的难题，被雇用的一方通过灵活改变工作，也可以调整上班时间，努力提升多方面技能。

迄今为止，"只在一家公司上班"属于社会常识，但是疫情结束之后，在多家公司上班也许会成为普遍现象。

》派出前的协商和派遣期间的后援很关键

通过共享员工，企业既可以维持雇用关系，又能削减人工费，可谓一举两得。但是与此同时，需要充分考虑雇用关系的调整。

日本的劳动基准法中没有对员工派遣的明确规定，员工的工资和社保等费用由哪一方企业负担，双方企业需要详细协商条件。

由于工作环境和业务内容也会发生很大变化，如果事先不对员工解释清楚，也有可能会酿成劳资纠纷。

派遣方最好留出充分的准备期，在派出前让员工参观聘用方的工作岗位，和那边的上司及同事见见面，让他们熟悉一下工作环境。

另外，如果员工被派往其他行业，由于以前的经验派不上用场，不少人会感到焦虑。

雇用方需要调整公司体制，增加与员工面谈的机会，以便及时察觉员工的精神压力。

第 5 章
疫情之下,顺应新消费动向的"新时代战略"

》》也有可能造成优秀人才的流失

对于派出员工的企业来说,共享员工也不全是好处。

有的员工被派出去之后想借机跳槽,这也有可能造成优秀人才的流失。

实际上,由于疫情,从"烟囱"被派到永旺零售公司的45人当中,有10人跳槽了。

我不清楚这10个人出于什么原因选择了跳槽,不过有跳槽意向的员工可能会把被派到其他行业当作一次机遇。

反过来,有的人在被派出去之后磨炼了技能,回来时已成为更优秀的人才。

例如,餐饮店的员工在被派到超市之后,学会了制作POP的技巧,宾馆的员工在制造业学会了库存管理软件的使用方法。因为被派遣出去,员工才有机会接触以前无从得知的新技巧和新信息,这样的案例比比皆是。

共享员工有可能造成优秀人才的流失,也有可能提升员工的技能,可以理解为风险与回报并存。

> 在逆境中生存的公司:能够通过共享员工,既能维持和员工的雇用关系,同时提升他们的技能。
>
> 在逆境中消亡的公司:对人才短缺的问题置之不理,对员工的工作环境问题视而不见,导致离职率日渐上升。

逆风翻盘
后疫情时代中小企业的自救之道

不分地点的工作方式将成为主流

▶▶ 疫情下不断升温的副业热

由于疫情,越来越多的人想做副业。

根据en Japan的调查,关于副业,"非常想做"和"有点想做"的人加起来占49%。"在新冠病毒不断蔓延的背景下,你想做副业的愿望变强烈了吗?"针对这个问题,53%的人回答说"变强烈了"(图5-5)。

做副业的热潮之所以高涨,主要有两个原因。

第一个原因是,疫情使得加班减少了,实际到手的工资也随之减少了。

根据提供转行服务的"多达(doda)"的调查,2020年1—3月(政府发布紧急事态宣言之前)期间,日本人每个月的平均加班时间为28.1小时,同年4—6月的平均加班时间为20.6小时,比之前缩短了7.5小时。由于工作方式的改革和远程办公两方面原因的叠加,日本人的加班时间急剧缩短了。

公司员工的加班费没了,工资减少了。另外,由于远程办公的普及,上下班不再需要花时间,喝酒聚会等人际交往的机会也减少了,人们自然就会开始做副业来增加收入。

第 5 章
疫情之下，顺应新消费动向的"新时代战略"

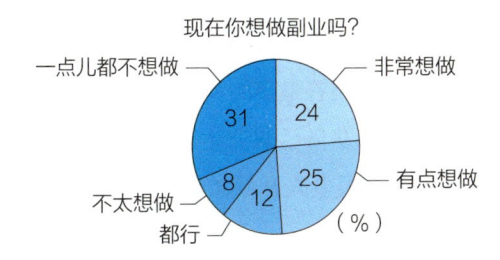

现在你想做副业吗？

- 一点儿都不想做：31
- 非常想做：24
- 有点想做：25
- 都行：12
- 不太想做：8

（%）

在新冠病毒不断蔓延的背景下，
你想做副业的愿望变强烈了吗？

- 做副业的愿望减弱了（2）
- 做副业的愿望增强了：53
- 没有变化：45

（%）

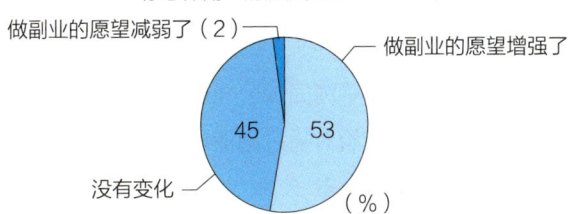

图5-5　en Japan关于副业的调查

这是2020年7月29日—9月27日针对"en跳槽[①]"网站的6325名用户进行的调查。可见在疫情之下，公司员工做副业的意识增强了。

（出处）en Japan

---

① en Japan旗下的网站，为想要跳槽的人提供综合支援服务。——编者注

▶▶ 除了"赚钱",你开始做副业的目的是什么?

第二个原因是对将来有危机感的人增多了。

根据派索过程和技术[1]（Persol Process & Technology）的调查,关于做副业的原因,回答最多的是"想获得本职工作以外的收入",紧接着是"想开发自己职业生涯的潜力""想为了将来拓展人脉"。由此可见,很多人开始做副业的目的是丰富自己的履历（图5-6）。

自从泡沫经济崩溃以后,日本的公司员工再未感受过经济繁荣的景象。由于这次疫情,很多人产生了危机感,觉得"不能再这样下去了"。

很多人担心如果只是单纯完成公司分配的任务,将来有可能失去自己的工作,所以开始对通过副业丰富阅历产生了兴趣。通过以上数据也能看出来这一点。

▶▶ "可以做副业"使得超过六成的人应聘意愿增强

同时,企业也有不得不同意员工做副业的原因。

疫情使得雇用关系变得不稳定,精准地确保留住优秀人才,企业就能将雇用风险降到最低限度。

同意员工做副业,对于企业来说也有很多好处。既可以防止

---

[1] 日本一家利用人工智能和物联网技术帮助企业实现业务流程转型的公司。——编者注

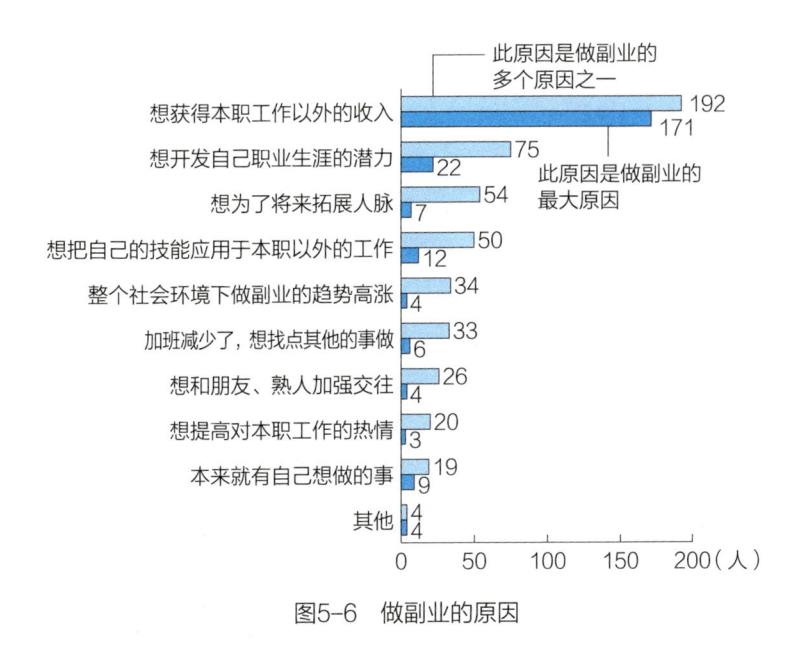

第5章
疫情之下，顺应新消费动向的"新时代战略"

图5-6 做副业的原因

（图中数据）
- 想获得本职工作以外的收入：192 / 171
- 想开发自己职业生涯的潜力：75 / 22
- 想为了将来拓展人脉：54 / 7
- 想把自己的技能应用于本职以外的工作：50 / 12
- 整个社会环境下做副业的趋势高涨：34 / 4
- 加班减少了，想找点其他的事做：33 / 6
- 想和朋友、熟人加强交往：26 / 4
- 想提高对本职工作的热情：20 / 3
- 本来就有自己想做的事：19 / 9
- 其他：4 / 4

浅色：此原因是做副业的多个原因之一
深色：此原因是做副业的最大原因

这是2020年12月开展的关于做副业原因的调查，对象是20～59岁的800名公司职员。除了增加收入之外，很多人开始做副业的目的是提升技能。

（出处）派索过程和技术

工资减少造成的员工流失，也可以让员工通过副业经历提升本职工作的技能。

根据我的导航在2020年面向人事负责人进行的调查，允许员工做副业或兼职的企业占49.6%，将来打算扩大允许范围的企业占57%（图5-7）。由此可见近半数企业同意员工做副业。

另外，根据该调查，我们还发现，比起不允许员工做副业的企业，允许员工做副业的企业，员工的满意度更高（图5-8）。

逆风翻盘
后疫情时代中小企业的自救之道

	现在只允许一部分,将来打算废除						
现在只允许一部分,将来打算扩大范围		现在不允许,将来打算允许					
现在允许,将来打算废除		现在和将来允许的可能性都很小(不允许)				现在允许 将来扩大	
现在允许,将来也打算扩大范围						的总计 范围的总计 (%) (%)	

行业								现在允许 的总计 (%)	将来扩大 范围的总计 (%)
整体	(1910)	19.4	4.3	22.4	3.5	15.2	35.2	49.6	57.0
医疗/福利/护理	(227)	27.9	3.5	22.3	3.5	13.3	29.5	57.2	63.5
服务/休闲	(270)	23.6	1.8	26.9	3.9	13.6	30.2	56.2	64.1
信息技术/通信/网络	(229)	21.5	5.9	24.9	3.3	14.4	30.0	55.6	60.8
事业单位	(53)	19.0	5.8	20.1	3.6	9.1	42.4	48.5	48.2
制造业	(283)	14.7	6.7	22.9	3.4	17.5	34.8	47.7	55.1
流通/零售/食品服务	(288)	18.4	4.8	19.2	4.3	15.3	38.1	46.7	52.9
金融/保险/咨询	(122)	14.2	5.7	24.4	1.6	13.8	40.2	45.9	52.4
房地产/建筑/设备/住宅	(260)	19.0	4.1	18.4	3.3	16.0	39.2	44.8	53.4
交通/运输/物流/仓库	(127)	13.3	1.5	21.5	5.4	14.7	43.6	41.7	49.5
环境/能源	(23)	14.3	-	23.8	-	33.3	28.6	38.1	71.4
传媒/广告/设计	(28)	7.8	-	22.0	-	27.5	42.7	29.8	57.3

0 10 20 30 40 50 60 70 80 90 100(%)

图5-7 允许员工做副业的企业占比

这是2020年8月针对1910名人事负责人进行的调查。很明显,医疗、福利、护理行业出现了对副业解禁的动向。

(出处)我的导航

根据该公司同年6月进行的"关于跳槽时的行为特征的调查",当用户在跳槽网站上查看招聘信息时,对于备注了"可以做副业"的企业招聘,感到"应聘意愿增强"的人占整体的

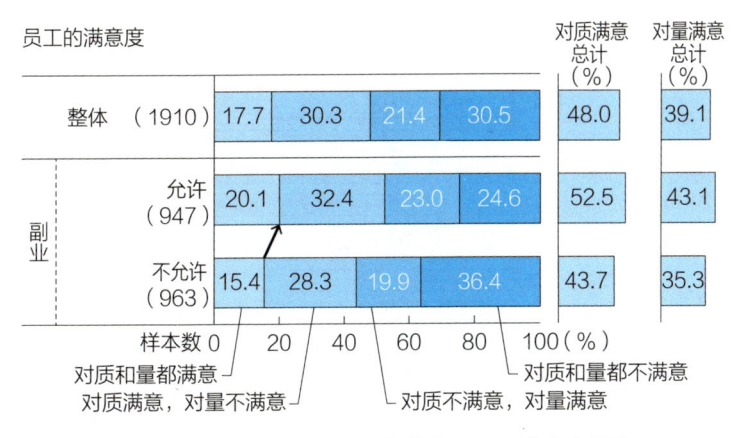

第 5 章
疫情之下，顺应新消费动向的"新时代战略"

员工的满意度	样本数	对质和量都满意	对质满意，对量不满意	对质不满意，对量满意	对质和量都不满意	对质满意总计（%）	对量满意总计（%）
整体	(1910)	17.7	30.3	21.4	30.5	48.0	39.1
副业 允许	(947)	20.1	32.4	23.0	24.6	52.5	43.1
副业 不允许	(963)	15.4	28.3	19.9	36.4	43.7	35.3

图5-8 在允许员工做副业的企业，员工满意度更高

在对副业解禁的企业当中，员工的满意度为20.1%，而在不允许员工做副业的企业当中，员工的满意度仅停留在15.4%。

（出处）我的导航

63.3%（见图5-9）。

在所有年龄段（20多岁至50多岁）的准备跳槽者当中，回答"应聘意愿增强"的人占六成以上，由此可见人们对副业的关注度很高。

另外，对于"可以居家办公"的公司，受访者回答"应聘意愿增强"的比例同样增加了，20多岁的人达到了67.2%，30多岁的人达到了60.5%。由此可见，在疫情期间，很多人想要能够灵活工作的环境。

逆风翻盘
后疫情时代中小企业的自救之道

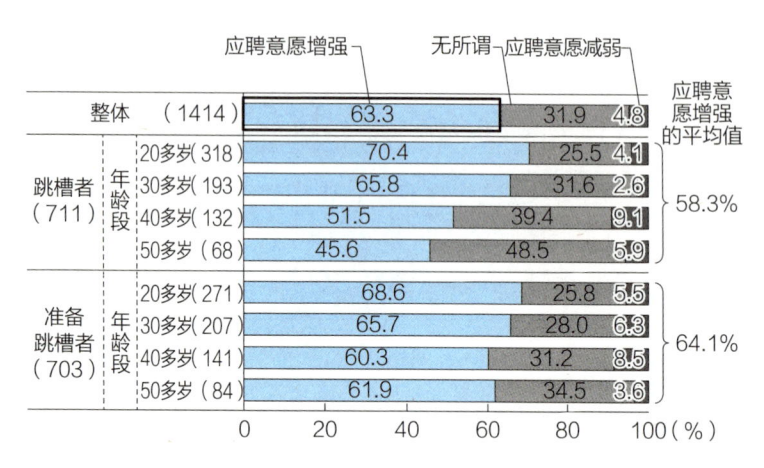

			应聘意愿增强	无所谓	应聘意愿减弱	应聘意愿增强的平均值
整体	(1414)		63.3	31.9	4.8	
跳槽者 (711)	年龄段	20多岁(318)	70.4	25.5	4.1	58.3%
		30多岁(193)	65.8	31.6	2.6	
		40多岁(132)	51.5	39.4	9.1	
		50多岁(68)	45.6	48.5	5.9	
准备跳槽者 (703)	年龄段	20多岁(271)	68.6	25.8	5.5	64.1%
		30多岁(207)	65.7	28.0	6.3	
		40多岁(141)	60.3	31.2	8.5	
		50多岁(84)	61.9	34.5	3.6	

图5-9 如果公司允许做副业，应聘者的意愿会增强

调查对象是20多岁到50多岁的正式员工中，2019年6月—2020年6月准备跳槽的1600人。由此可见，20多岁和30多岁的年轻一代非常关注"副业"这个词。

（出处）我的导航

》 东京的公司职员在冲绳做副业的时代

不只是疫情期间，当整个社会陷入逆境时，雇用状况就会变得不稳定。

企业要想在逆境中生存下去，在制定招聘战略时，需要积极雇用兼职人员，将人才招聘的风险降到最低限度。

另外，随着对副业的解禁，很可能会消除小地方和大城市之间的收入差距以及男女之间的雇用差距问题。

第 5 章
疫情之下，顺应新消费动向的"新时代战略"

例如，优秀的员工在结婚之后，可以一边在北海道的家里照顾孩子，一边完成在东京的公司分配的工作。

另外，在东京实践最新的网络营销战略的员工，可以在线参加在冲绳的公司召开的会议作为副业，提供网络战略方面的建议，这也不再是脱离现实的想法。

疫情激活了人们对副业的需求，将有可能大幅度改变日本的雇用常识。

接下来，我给大家介绍一个让政府和民间成为一体的独特的外包业务，它确立了地方城市承包东京业务的商业模式。

▶▶ 活跃在阿尔卑斯山麓，官民一体的远程办公工作室

长野县驹根市的制造业和旅游业非常发达。

在全国范围来看，当地的平均工资属于较高水平，但是女性的雇用问题多年来一直让当地政府感到头痛。

制造业和服务业大多是体力工作，很多女性结婚生子后，不得不辞职。

但是，市内很少有以内勤为主的工作，因此很多女性一旦离开驹根市，就不会再回来。

驹根市政府的林光洋先生说："我觉得今后必须在本地增加可以让女性大显身手的工作。"

他认为如果在线从企业承包业务的话，就可以在驹根市完成工作，于是去咨询开展云外包业务的任务众包（Crowd Works）公司。

逆风翻盘
后疫情时代中小企业的自救之道

对接人梶田直先生对林先生推进的业务内容产生了共鸣，辞去了任务众包公司的工作，移居到驹根市，成立了远程办公工作室"考淘（Koto）"。

他在当地的幼儿园和小学宣传通过网络在家办公，在举办电脑的培训及实践讲座时，总共吸引了300人次。

其中大约200人在考淘注册，开始在家办公，开业第二年，就出现了月收入超过25万日元的家庭主妇。

这两位是驹根市政府的林先生（右）和从东京移居过来的梶田先生（左）。由于这是很少见的官民一体的外包业务，很多人从日本各地前来考察。

考淘的优势在于善于随机应变，能够承包零散的工作。

如果是以前，呼叫中心的业务、会计事务、总务工作等都是只有大企业才能外包的工作，自从有了考淘，全国各地的中小企业也能将这些工作外包出去。

第 5 章
疫情之下，顺应新消费动向的"新时代战略"

梶田先生等人将这种动向称为"微型商务流程外包"（Micro Business Process Outsourcing），预计在后疫情时代这些零散工作会继续增加。

梶田先生说："干劲比电脑技能更重要。我想创造更多工作机会，希望这个城市里不能全职工作的人也可以发挥自己的才能。"

有效利用兼职人员的三种措施

企业要想在逆境中生存下去，需要掌握一些技能，例如善于利用考淘这样的外包商，雇用多名兼职人员以及自由职业者。

企业还需要具备一定的管理能力，有效利用"任务众包"以及"兰瑟斯（Lancers）"等商贸配对网站，确保每个项目都能找到合适的人才，并学会管理公司外部的人才（表5-1）。

表5-1 有效利用兼职人员和自由职业者的主要服务

任务众包 Crowd Works	日本国内最大规模的云外包公司。可以外包网页制作、系统开发、Logo 制作、宣传单制作等工作。
兰瑟斯 Lancers	服务内容和任务众包基本相同。输入数据、撰写报道等专业性工作较多。客户支持服务很完善。
可可那拉 coconala	推销个人技能，从制作插画和 Logo 到情感咨询都有。
维萨斯科 VisasQ	2020 年在东京玛札兹（MOTHERS）[①]市场上市。开展点对点咨询服务，由在职或离任的经营顾问给企业提供建议。
技能转移 Skill Shift	副业匹配平台，有 3500 多名大城市的人才注册，希望在地方的中小企业从事兼职。

（出处）作者自制

---

① 也被称为保姆板，即日本的创业板。——译者注

要想有效利用兼职人员以及自由职业者，有三个要点。

第一，要给出具体的指示。

委托工作的一方常常认为"这种程度的事对方应该知道吧"，不经说明就将工作交给兼职人员或自由职业者。

因此，有时候外包工作的完成情况和预想的结果有出入，甚至还会造成误会。委托方和受托方无法顺利沟通，最终引发纠纷的案例也不少。

与工作时配合默契的公司内部员工不同，公司外部的员工根本不了解委托方的具体状况，所以即使受托方是处理该业务的专家，委托方也需要从头开始对其详细说明工作内容。

另外，兼职人员太想拿到订单，往往会夸大自己的技能，所以最开始的外包业务最好稍微降低一点难度。

第二，要以礼相待。

虽说是外包的人才，你也不能随便应付，否则他们的工作热情会减退，工作质量也会下降。

尤其是需要创造力的工作，很多兼职人员或自由职业者承包这种业务是为了满足得到认可的欲望，得到好评或表扬之后，他们创造的成果可能会超出你的预期。

不过，如果称赞的话超出了对方的实力，可能会导致有的人对自己评价过高，所以表扬的话也要适可而止。

第三，要积累一定的数量。

很多时候，如果不一起工作，你就无法了解兼职人员或自由职业者的实力。

第 5 章
疫情之下，顺应新消费动向的"新时代战略"

即使他们的个人资料和提案内容非常出色，一分配工作才发现，有的人不遵守截止时间，有的人不肯按要求修改。这个说法有点难听，但抽到这种"下下签"的时候也不少。

在跟多位兼职人员以及自由职业者一起工作之后，你自然而然地就能学会看人，掌握推进工作的方法。抽到"下下签"的概率会逐渐降低，你就能得心应手地管理外包业务。

在和外包人才一起完成工作的过程中，只有那些优秀的兼职人员和自由职业者会留下来。因此，随着时间的流逝，工作质量也会趋于稳定。

》本职工作的公司是"主要客户"

疫情使得前景不明朗，所以现在很多企业对于副业持谨慎态度。

但是，等到疫情快要结束的时候，越来越多的企业和店铺将会对副业解禁并接纳，在后疫情时代，公司员工很可能都会身兼数职，把本职工作的公司叫作"主要客户"。

甚至在某些项目团队中，可能只有一名公司内部员工，其他成员全都是兼职人员和自由职业者。

东京都的知名企业的董事担任小城市的小公司的顾问，小公司将总务工作全部外包出去，这些也许会成为人们司空见惯的事。

在不远的将来，公司或许必须适应这种新的雇用形式。

逆风翻盘
后疫情时代中小企业的自救之道

> 在逆境中生存的公司：能够处理各种业务，录用兼职人员和自由职业者，控制雇用风险。
>
> 在逆境中消亡的公司：不允许员工做副业，对于录用公司外部的人才持消极态度。

疫情后复兴的关键在于"绿色"

》》 经济回升的话，股价也会进入调整局面

今后，即使疫情结束，其影响估计也会持续一段时间。

2020年3月，日经平均股价下跌到了16552日元，虽然人们担心会因疫情发生经济危机，但是由于各国推行了大规模金融政策，避免了雷曼事件那样的经济崩溃事态。

2021年2月，时隔30年半，日经平均股价突破了30000日元，新冠病毒刚开始蔓延的时候，世界各国制定的"动用国家财政来避免经济崩溃，紧急研发疫苗，让疫情终结，恢复实体经济"方针，如今正踏踏实实地贯彻执行。

但是，也存在令人担忧的问题。

包括日本银行在内，各国的中央银行都购买了大量股票和债券，利率下降，股票市场盛况空前。因此，虽然经济出现了负增长，消费急剧减少，还能勉强维持经济水平。

第5章
疫情之下，顺应新消费动向的"新时代战略"

但是，疫情结束之后，消费水平恢复，经济回升，利率很可能会上升。那样一来，会对股价不利，也会加重企业的利息负担和政府的财政负担。

学习院大学国际社会科学系的伊藤元重教授在接受《日经潮流》（*Nikkei TRENDY*）杂志的采访时说："利率上升的话，流向股票市场的资金量也会减少，一定会出现调整局面。"他还表示，由于经济回升，疫情结束后的股票市场可能会发生急剧变化。

后疫情时代备受关注的"绿色复苏"

"疫情泡沫"不会持续很久。

但是，日本政府的想法是，既要在疫情结束后恢复经济水平，又想维持股票的坚挺。

因此"绿色复苏"开始受到关注。

所谓绿色复苏，是指对环境领域的投资。

主要是对可持续社会的投资，如扩大用来推广可再生能源的输电网，对电动汽车和氢能社会的投资等。

疫情给全球经济带来了巨大的负面影响，所有企业都对投资持谨慎态度。为了打破现状，政府需要开发出新的投资对象。

同时，为了实现脱碳，应对气候变化，政府提出绿色复苏。

逆风翻盘
后疫情时代中小企业的自救之道

美国四年间投资2万亿美元用于环保

疫情期间的对策以应急投资为主，效果有限。

但是，在政府的支持下，积极开展绿色复苏的话，可能会吸引民间企业的投资，刺激在疫情中受影响的经济。

实际上，美国总统约瑟夫·拜登（Joseph Robinette Biden）提出用四年时间投资2万亿美元（大约207万亿日元）用于环境基础建设，欧盟也宣布将2021年到2027年的中期预算方案中的三成用于应对气候变化。

日本前首相菅义伟也在2020年10月的施政演说中提出了在2050年之前实现温室气体净零排放的目标。

世界各国都在积极实施规制改革等政策，推进绿色复苏的进一步普及。在后疫情时代，社会复兴的主题是改善环境问题，这也将带来各种各样的商业机会。

三成左右的人愿意多花10%的价钱购买环保商品

消费者的环保意识也越来越强。

根据销售女士包的福美可达（FUMIKODA）的调查，针对"平时购买时尚单品时，会有意识地选择环保（关心地球环境、人类、社会及地域）商品吗？"这个问题，回答"如果不是环保商品（品牌）就不买"的人占1.8%，回答"尽量购买环保商品（品牌）"的人占17.3%，回答"犹豫不决的时候会选择环保商品（品牌)"的人占31.4%,由此可见总计50.5%的人有选择环保商品的倾向(图5-10)。

另外,针对"即使环保商品比普通商品略贵也愿意购买吗?"这个问题,从人数来看回答"贵10%以内的话会购买"的人最多,占64.4%,紧接着是回答"只要比普通商品贵就不买"的人(31.5%)和回答"即使价格是普通商品的2倍也会买"的人(4.1%)(图5-11)。

如果是环保商品,即使价格略微上浮,也有68.5%的消费者愿意购买,看来在长期通货紧缩的日本,经营环保商品将成为提升物价的有效手段。

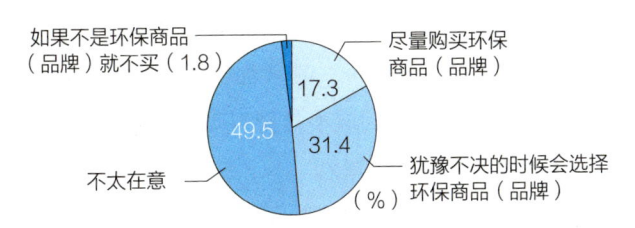

图5-10 有意识地选择环保商品的人约占一半

这是2019年针对全日本20岁以上的956名消费者进行的调查。结果显示有意识地选择环保商品的人约占一半。

(出处)福美可达

逆风翻盘
后疫情时代中小企业的自救之道

即使环保商品比普通商品略贵你也愿意购买吗？

只要比普通商品贵就不买 — 31.5

即使价格是普通商品的2倍也会买（4.1）
贵10%以内的话会购买 — 64.4

（%）

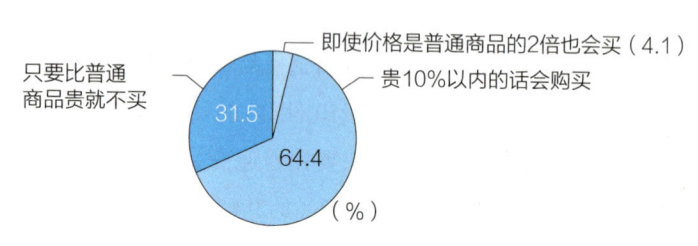

图5-11　如果是环保商品，即使贵也会买的人占六成以上

如果是环保商品，即使贵也会买的消费者占六成以上。今后，随着关心环保的消费者的增多，这一比例还会提高。

（出处）福美可达

》 个人的食品浪费和企业的食品浪费一样严重

但是，我们很难在保护环境的同时谋求公司利益，这也是事实。

例如，为了减少塑料污染，越来越多的餐饮店开始停止使用塑料吸管，不过纸质吸管的成本是塑料吸管的4～10倍，所以个人经营的小店很难使用纸质吸管。

关于丢弃食物的"食品浪费"问题，也不容易解决。

为了重新利用不合规格的食材和被退货的食材，企业需要再次投入成本。至于食物卖不完剩下来的问题，只要企业无法准确预测需求量，就不会实施明确的措施防止食品浪费。

另外，农林水产省的官网显示，2018年度伴随企业活动产生的业务性食品浪费为324万吨，而各家各户产生的生活性食品浪费为276万吨。由此可见，不只是法人，个人如果不同时改变意识，就无法解决食品浪费问题。

即使环保会成为后疫情时代的商机，对于小公司来说，这个机会还是难以把握。

活用数字化工具，减少食品浪费，为社会做贡献

针对如此艰难的环保问题，位于东京都品川区"西纳比兹（SynaBiz）"公司提供的尝试（Otameshi）服务非常独特，受到了人们的关注。

它收购临近保质期的商品，以特惠价格销售给会员。

例如，12瓶一箱的沙拉调味汁原价5200日元，特惠价3500日元；12个一盒的点心原价3200日元，特惠价2300日元。网站上挂满了这种商品，距离过期还有一段时间，味道依然鲜美。

执行董事藤井厚先生说："我们在销售的时候尽量注意避免损伤企业形象，顾客可以将消费金额的一部分捐赠给自己选择的公益组织。"

但是，销售临近保质期的商品有可能使生产商的品牌声誉受损，并不是一件简单的事情。因为很难定价，也没太大赚头，所以很多零售商不愿意采购临期食品。而且再捐赠一部分的话，岂不是更没有利润可图了？

藤井先生说："我们的母公司奥克范（aucfan）十几年来一直给个人和法人提供调查网上拍卖的价格行情的工具。活用这个

逆风翻盘
后疫情时代中小企业的自救之道

工具，事先调查批发价格之后再买入，所以定价对于生产商和会员都很合适，最终才能让交易成立。"

尝试服务日渐声名远播，再加上疫情期间人们对食品的需求增多了，据说展出商品的生产商数量和每月的用户数量都在上升。

尝试服务的网站上挂满了临近保质期的特惠商品。

（出处）https://www.otame4.jp/

》 电子商务适合社会贡献

电子商务使用的工具在社会贡献中大显身手。

网络工具擅长简化复杂的工作，比如用网店的模式进行募捐活动，使用日程管理功能高效率地派遣家政人员等。

拍卖市场的价格总是在变动，而尝试服务则是利用调查行情的工具，帮助人们解决了食品浪费的问题。

有些平时常用的网络服务，如果你改变用法或视角，应该能从平时常用的网络服务中发现很多可以用于社会贡献的工具。

》在理解矛盾的基础上保护环境，勿以善小而不为

保护环境和经济增长本来就是背道而驰的事。

经济增长和减少二氧化碳的排放并不是并行不悖的事，如果你考虑环保，就只能抑制经济增长。

但是这并不现实，在理解这种矛盾的基础上，如果绿色复苏很有可能成为疫情结束后新的投资方向，那么生意人就应该抓住这次商机，推出新的举措。

在店里贴上禁止食品浪费的海报，在公司内部劝大家重复利用各种容器，也许只是一些很小的环保举措。

当你提出这一类建议时，有人就会持否定意见，认为"做这些事也没用"。管理者的真实想法恐怕也是"有那工夫还不如多想想怎么提高销售额"。

但是，如果你不带头实施这些举措，公司内部就不会把环保问题纳入产量范围。

这样一来，职员们既无法收集环保信息，也不能积蓄环保技巧。公司内部也就永远不会萌生认真思考环境问题的观念。

假设疫情结束以后，环保成为商业发展的趋势，如果你没有时刻关注，最终就会错失商机。

逆风翻盘
后疫情时代中小企业的自救之道

既然在疫情结束后有环保这条发展道路,你就需要抛开矛盾、不找借口,认真思考自己可以做的事。

最后,在第6章,我将给大家讲一下网络战略。

在疫情开始之前,即使你不熟悉网上销售,也能做成生意。

但是,在后疫情时代的社会当中,如果你没有网络方面的技巧和知识,吸引顾客和销售商品将变得极为困难。

我会给大家讲一些在逆境中活用网络恢复销售额的案例,同时介绍一些网络新手也能使用的独特的促销手法。

> 在逆境中生存的公司:能够致力于开发与环保相关的商品或服务,哪怕是从小处着手。
>
> 在逆境中消亡的公司:认为眼前的销售额或利润更重要,不在公司内形成认真思考环保问题的氛围。

第6章

彻底追求沟通质量的"网络新战略"

逆风翻盘
后疫情时代中小企业的自救之道

误用社交网络的企业的共同点

▶▶ 疫情破坏了"揽客"逻辑

用一句话来形容逆境,那就是"顾客不上门"。

有人用"东西卖不出去"来形容市场不景气,这其实是不恰当的。如果你能吸引顾客来店里,总能卖出去一些东西。

换句话说,只要有顾客上门,就能克服逆境。我说句极端点的话,如果你的揽客能力为9分,即使销售能力只有1分,生意也能做下去。

但是疫情彻底破坏了这个"揽客"的部分。

由于人们很少外出,所以单凭位置好无法再吸引顾客来店里了。

过去那种"路过的时候顺便进店看看"的揽客模式不复存在,因此越是房租贵的店铺,受到的影响越大。

以前人们看到新开的店铺就会随意进去逛逛,现在却因为害怕感染,不敢轻易走进去。

做生意时"顾客不上门"是个致命伤,即使想创造销售业绩,如果根本没有顾客,你也无计可施。

▶▶ 不去店里也能通过社交网络获得店铺信息

以前顾客"随意"来逛的店铺,自从有了疫情之后,一下子人迹全无。因为本来就是"随意"逛逛,所以去不去都无所谓,消费者认为没必要特意在疫情期间光顾。

反过来,那些能够从战略上吸引顾客的店铺,哪怕在疫情期间也能确保最低限度的客流量。

你要给顾客提供一个明确的来店理由,即使顾客不外出活动,你也要确保自己的店铺出现在顾客的视野里。通过实施这种战略,即使宅家消费期间你也不愁没有顾客。

两者之所以在招揽顾客方面出现如此明显的差距,主要原因在于是否有效利用社交网络。

能够使用社交网络发布信息的店铺,可以借助网络招揽顾客。

反过来,那些不能熟练使用社交网络的店铺,由于无法传播信息,将会逐渐从顾客的记忆中消失。

查看企业官方社交账号的用户在增多

疫情开始之后,使用社交网络的人数急剧增多。

联合创造者[①](Allied Architects)进行的"新冠肺炎疫情下的'新的生活方式',消费者使用社交网络的实际状况调查"显示,与疫情之前相比,使用社交网络的时间"增加了"以及"增加了很多"的人共占34%(图6-1)。

在该调查中,针对"您今后也想利用社交网络申请或购买商品和服务吗?"这个问题,回答"想利用"和"想积极利用"的人约占六成(图6-2)。

---

① 为企业提供社交网络营销指导服务的公司。——编者注

逆风翻盘
后疫情时代中小企业的自救之道

与疫情之前相比，
您使用社交网络的时间增加了吗？

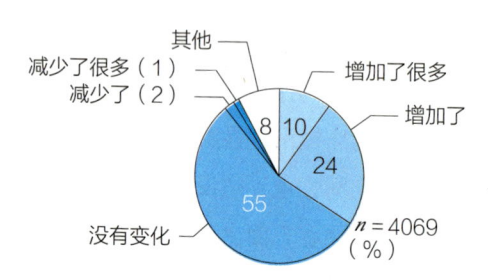

其他
减少了很多（1）   增加了很多
减少了（2）   增加了
8 10
24
55
没有变化 n = 4069
（%）

图6-1　新冠肺炎疫情下消费者使用社交网络的实际状况调查

这是2020年7月面向4069人进行的调查。由于用手机的时间增多了，使用社交网络的人也增多了。

（出处）联合创造者

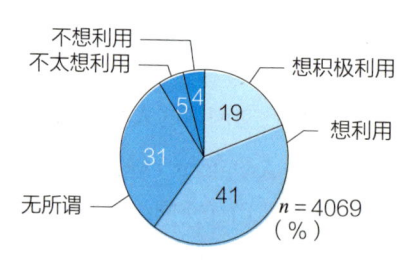

不想利用
不太想利用   想积极利用
5 4 19
31   想利用
41
无所谓 n = 4069
（%）

图6-2　您今后也想利用社交网络申请或购买商品和服务吗？

"想积极利用"的人占19%，"想利用"的人占41%。可见在电子商务中，活用社交网络成了必不可少的条件。

（出处）联合创造者

第6章
彻底追求沟通质量的"网络新战略"

另外,对于"您今后也想利用社交网络从企业官方账号收集信息或者进行沟通吗?"这个问题,回答"想利用"和"想积极利用"的人共占一半以上(图6-3)。

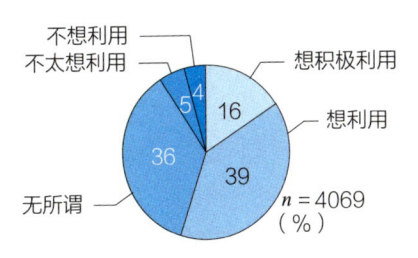

图6-3 您今后也想利用社交网络从企业官方账号收集信息或者进行沟通吗?

"想积极利用"的人占16%,"想利用"的人占39%,想利用社交网络收集企业信息的用户超过了半数。

(出处)联合创造者

>> 被超越的美食网站

使用社交网络的人不断增加,面对这种情况,企业和店铺也没有坐视不理。

"餐饮店.COM"是为餐饮店管理者和运营者提供运营指导的网站,其中一项服务叫"餐饮店调查"。根据餐饮店调查面向"餐饮店.COM"注册会员的调查,当被问到疫情期间的揽客措施时,回答最多的是利用"照片墙",占60.5%;其次是利用脸书,

逆风翻盘
后疫情时代中小企业的自救之道

占54.8%；然后是利用自家公司主页（45.7%），都超过了发布到美食网站或应用软件上的比例（39.0%）（图6-4）。

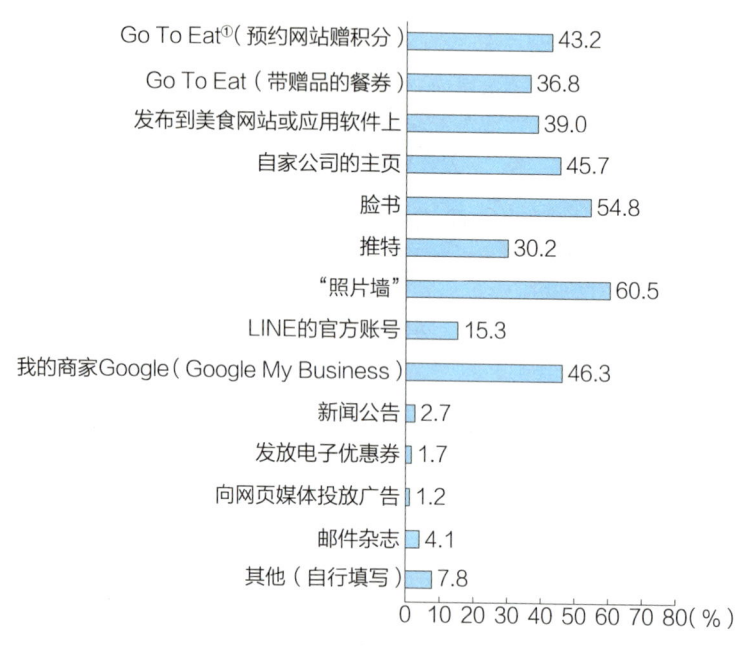

项目	百分比(%)
Go To Eat[①]（预约网站赠积分）	43.2
Go To Eat（带赠品的餐券）	36.8
发布到美食网站或应用软件上	39.0
自家公司的主页	45.7
脸书	54.8
推特	30.2
"照片墙"	60.5
LINE的官方账号	15.3
我的商家Google（Google My Business）	46.3
新闻公告	2.7
发放电子优惠券	1.7
向网页媒体投放广告	1.2
邮件杂志	4.1
其他（自行填写）	7.8

图6-4　疫情期间的揽客措施

这是2020年10月面向516名餐饮店管理者和运营者的调查。利用"照片墙"和脸书招揽顾客的店铺较多。利用谷歌推出的我的商家的人占46.3%，这一数字也不容忽视。

（出处）餐饮店调查

---

① Go To计划的一部分，日本政府为促进消费，对外出就餐的人提供补助。——编者注

186

第6章
彻底追求沟通质量的"网络新战略"

还有一组很有意思的数据。

酷克比兹（cookbiz）是专门面向餐饮和食品产业的招聘网站，根据其对餐饮店进行的调查，回答"想积极利用"美食网站的店铺在2017年占13%，到了2020年猛降到3.9%。而回答"转换为新的社交媒体"的店铺在2017年的调查中仅占6%，在2020年的调查中猛增到15.4%（图6-5）。

2020年3月调查时

- 不利用 10.6
- 想积极利用（3.9）
- 转换为新的社交媒体 15.4
- 一如既往地利用 57
- 减少利用频率和预算 13.1

（%）

2017年12月调查时

- 不利用 16
- 想积极利用 13
- 转换为新的社交媒体 6
- 一如既往地利用 55
- 减少利用频率和预算 10

（%）

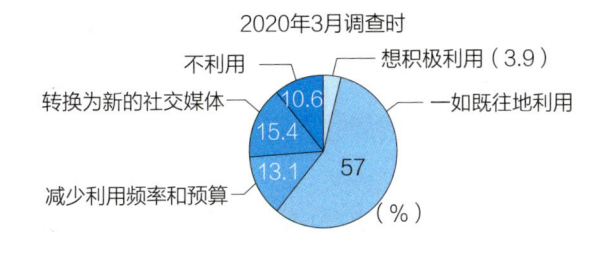

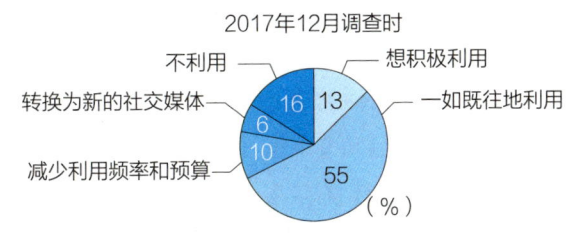

图6-5　你今后也打算继续利用美食网站吗？

这是针对日本全国的76家餐饮店进行的关于美食网站利用情况的调查。与2017年相比，2020年回答"一如既往地利用"的人增加了2%，回答"不利用"的人减少了5.4%，可以说餐饮店依赖美食网站的状态依然未变。但是，想积极利用美食网站的店铺减少了，利用社交网络的店铺正急剧增加，考虑到这一现状，很明显，美食网站来到了选择出路的岔路口。

（出处）酷克比兹

很明显，消费者的信息来源正在转向社交网络。

以前顾客想去哪家店就去哪家店，想什么时候去都行，现在由于疫情，不确定想去的那家店是否营业，所以去店里之前需要查询社交网络。

消费者意识到了社交网络的便利性和即时性，因此不会轻易放弃使用它。

即使疫情结束之后，社交网络也会成为信息中枢，继续受到用户的重视。

利用"照片墙"搜索的人比利用谷歌搜索的人多

同时，美食网站在疫情之下暴露了弱点。

消费者想马上去店里，而美食网站上发布的信息可能是数日前的内容。

但是在疫情期间，店面的营业时间也许已经在几天内发生了变化，提供的服务、商品和菜单也可能有所不同。

另外，不少消费者怀疑存在虚假报道和自导自演的"托儿"，越来越多的人对美食网站的信息本身产生了不信任感。

餐厅预约（TableCheck）是用来预约餐馆的网站，根据其2021年的调查，认为美食网站的信息"不可靠"的人达到了28.5%，而社交网络作为信息来源的可信度更高，上面都是真实消费者的坦诚心声。

第6章
彻底追求沟通质量的"网络新战略"

另外，根据涩谷109研究室[①]（SHIBUYA109 lab.）等机构在2018年针对15岁到24岁的女性进行的调查，当被问到搜索游玩场所时使用的搜索工具时，回答"照片墙"的人占82.9%，远远超过了使用谷歌搜索引擎的人（57.8%）。

年轻一代把社交网络当作收集信息的搜索引擎。女性常用照片墙，因为能够通过图片直观地判断信息的好坏。

推特上售价14000日元的眼镜卖得火热

但是，尽管消费者如此喜欢使用社交网络，能够把社交网络当作揽客工具加以利用的公司和店铺却还很少。

很多企业和店铺都是心血来潮的时候就往社交网络上发布宣传信息。那么如何让新顾客发现社交网络上的信息呢？如何将其培养成优质顾客呢？只有很少一部分企业和店铺能够从战略上有效利用社交网络。

接下来，为了展示有效利用社交网络的方法，我给大家介绍一个非常通俗易懂的案例。

村木昇先生在岐阜县大野町经营一家名叫"笑眼（SMILE-EYE）"的眼镜店。在朋友的邀请下，他开始玩真人生存游戏，从此彻底迷上了其中的世界观。

但是，在玩游戏的过程中，他感觉有点不对劲。

---

① 日本的市场研究机构。——译者注

逆风翻盘
后疫情时代中小企业的自救之道

"我发现很多人不爱惜护目镜,有的人直接将其塞进包里,也不怕划伤它。所以我觉得很多人对护目镜缺乏保护意识。"

村木先生想到这里,便开始在自己店里销售护目镜。

他把销售真人生存游戏专用眼镜的部门称为"笑眼战略部(SMILE-EYE TACTICAL)",又和镜片厂家共同研发了耐磨的原创眼镜,并开始销售。

那么,他究竟怎样销售这种小众的商品呢?

村木先生说:"主要是在推特上卖。前一阵新开发的每副14000日元的护目镜,一晚上就卖出去60副。"

2021年8月的时候,村木先生在推特上的粉丝数大约有5800人。这个数字虽然不算多,不过关注村木先生的推特的人都是他的忠实粉丝。

村木先生表示:"我也尝试过其他各种社交网络,最后发现推特最适合自己。"

第6章
彻底追求沟通质量的"网络新战略"

村木先生说:"由于这种护目镜是趣味性很强的商品,即使不多做说明,很多人也会明白它的优点。这是一个比较小众的行业,所以很多人在推特上发现新的商品信息后,马上就会把它扩散出去。这也是销售额增长的很大原因。"

2019年7月,他通过众筹大约筹集了130万日元,在大野町又开了一家销售真人生存游戏专用眼镜的店铺。据说很多人也是通过推特了解后才来光顾的。

疫情开始之后,该店的销售额并没有减少,不过在真人生存游戏周边商品的促销活动中,顾客的动向出现了些许变化。

"闲逛到展台购买商品的人基本没有了。可见人们没有需求的话不会特意来参加。我觉得我们这些开店的人需要在搞活动之前通过社交网络帮顾客'制造需求'。"

村木先生通过推特收集信息,连顾客的细小变化都看在了眼里。

▶▶ 运用社交网络的秘诀在于"搜索对策"和"粉丝化"

社交网络大致分为两类。

一种是通过搜索功能吸引顾客的推特、"照片墙",另一种是没有搜索功能、粉丝才会查看的脸书和LINE的官方账号。

笑眼战略部使用的就是带有搜索功能的推特。

由于想获得信息的人很多,所以笑眼战略部在推特上收获了新顾客,通过发布稀有的信息,成功用推特将顾客转化为粉丝。

"照片墙"也是同样的逻辑。

逆风翻盘
后疫情时代中小企业的自救之道

将关键词嵌入照片附带的主题标签，通过搜索功能吸引新顾客，再凭借发布的内容将其转化为粉丝。这就是搜索型社交网络的基本战略。

如果不能正确实施这个战略，商家就无法通过推特或"照片墙"招揽顾客。

例如，如果主题标签的搜索关键词过于大众化，或者发布的内容平平无奇甚至枯燥无味的话，不仅新顾客无法找到你的信息，老顾客也会对你的信息失去兴趣，所以将不再关注你的账号。

那些只发布店铺宣传或促销信息的社交网络账号对顾客没有吸引力，信息内容也缺乏趣味性，所以点赞人数和转发次数都很难有所增长。

如果社交网络账号能够了解推特或"照片墙"用户的想法，知道顾客通过社交网络搜索哪些关键词、喜欢什么样的内容并有针对性地发布信息，那么它就更容易收获新顾客和粉丝顾客。

尤其是那些粉丝顾客不断增多的社交网络账号，他们发布的内容娱乐性很强，顾客觉得"每一条都很有意思"。

吸引消费者的秘诀是要让他们每次看到你发布的内容都觉得"好玩儿""还想看"，否则他们就不会一直关注你的账号。

如果顾客没有转化为粉丝，就不会想要进一步了解商品和店铺，你也就无法通过社交网络吸引他们来店里。

很多企业和店铺在社交网络账号上公事公办地发布一些促销或新商品的信息，这种内容在顾客看来也很没意思，即使他们刚开始会查看信息，几天后也就不会关注了。

第6章
彻底追求沟通质量的"网络新战略"

也就是说,那些无法通过推特或"照片墙"招揽顾客的店铺,最大的问题就是"发布的内容很无趣"。

如果店铺发布的内容缺乏服务精神,不能"取悦顾客",就无法充分发挥社交网络的揽客作用。

▶▶ "合适"比"战略"更重要

如果只是胡乱地发布信息,那么你的社交网络账号就对销售毫无帮助。

如果不能发布有趣的内容来吸引顾客,即使你明白了社交网络的促销方法,也无法收获新顾客,更无法培养优质顾客。

如果你觉得只要一直在社交网络上发布信息,就总有一天会被某个潜在客户看到,那还是尽快丢掉这种幻想为好。

如今的顾客没有那么闲,不会一直通过社交网络查看企业或店铺的宣传信息。

有的信息既不能招揽顾客,也无法提升销售额。为了不再往社交网络上发布这种毫无意义的内容,你应该让喜欢使用社交网络的人负责这项工作。

对社交网络不感兴趣的人,无论再怎么努力,也无法发布出让那些日常使用社交网络的人产生共鸣的信息,所以无法收获新顾客,更别提培养优质顾客了。

如果你想利用推特招揽顾客,就应该让平常使用推特的人发布内容;如果你想利用"照片墙"招揽顾客,就应该让频繁使用

逆风翻盘
后疫情时代中小企业的自救之道

"照片墙"的员工来负责这份工作。

另外,有很多企业和店铺让员工轮流负责在社交网络上发布内容,不过我不太推荐这种做法。

我认为负责人不同,发布的内容就没有连贯性,理念容易摇摆不定。而且,如果是轮流负责,员工在发布内容的时候就像完成任务,对社交网络的热情就会减退。这样一来,他们就会满不在乎地发布一些毫无魅力的内容,因此无法得到顾客的持续关注。

理想的形式是选定一到两人负责,在发布的内容和主旨方面尽量做到统一。

如果负责人没有认真取悦顾客的意识,那你的社交网络账号就不会带来销售额。

作为发布信息的工具,社交网络很容易受负责人的影响,不感兴趣的人很难使用得得心应手。

由于再现性[①]很低,这项工作要求负责人有一定的感受能力。你可以先尝试以个人名义注册社交网络账号,如果发现"怎么也体会不到社交网络的乐趣",就最好放弃使用社交网络促销的想法。

毫无疑问,在逆境之中,社交网络是不容错过的揽客工具,公司要想充分发挥它的作用,比起战略或方法,选准合适的负责人更重要。

---

① 在科学实验中,在同样的条件下,无论重复多少次实验,都能获得相同的结果。在这里,再现性低是指不同的人或不同的时间运营社交网络无法获得同样的效果。——译者注

第 6 章
彻底追求沟通质量的"网络新战略"

如果公司内部没有适合负责社交网络的人才,最好引进对社交网络感兴趣的人才,哪怕是临时工或实习生也可以,这样才能够更快获得良好的效果。

> **在逆境中生存的公司**:能够安排合适的人才负责社交网络运营,发布的内容充满娱乐性,不会让顾客感到厌倦。
> **在逆境中消亡的公司**:将宣传和促销信息发布到社交网络上,坚信"总有人会看这些信息"。

运营社交网络的差距只在于"动真格"还是"业余做"

》》"照片墙"最适合销售商品或服务

越来越多的公司开始对如何有效使用社交网络产生了兴趣,想通过社交网络发布信息吸引闭门不出的消费者的企业增多了。

其中尤其受欢迎的是"照片墙"。

根据MMD研究所[①]自2014年以来开展的调查,我们发现在脸书、推特和"照片墙"当中,"照片墙"的使用率增长最大(图6-6)。

---

① MMD研究所(MOBILE MARKETING DATA LABO)是日本的研究调查机构,主要开展对电信、终端和支付等领域的营销调查。——编者注

逆风翻盘
后疫情时代中小企业的自救之道

图6-6 社交网络平台的使用率变化

这是2020年11月面向557名使用智能手机的人的调查。调查显示，使用脸书的人逐渐减少，使用推特的人略有增加，而"照片墙"的使用率（41.3%）出现了猛增，比2014年增加了27.8个百分点。自2018年开始被纳入调查范围的海外版抖音（TikTok）的使用率也在不断提升。

（出处）MMD研究所 *自2014年以来的变化

"照片墙"的特征之一就是最容易直接和消费行为挂钩。

根据联合创造者针对社交网络用户进行的调查，当被问到哪些社交网络上的信息促使你第一次光顾某家零售店或餐饮店时，回答最多的是"照片墙"（图6-7）。

另外，回答通过照片墙第一次在某家网店购物的人占六成，由此可见"照片墙"比其他社交网络更容易促使用户光顾实体店或在网上购物。

第 6 章
彻底追求沟通质量的"网络新战略"

有(%)

你有没有以社交网络上的信息为契机或参考,第一次光顾某家店铺（零售店或餐饮店）?

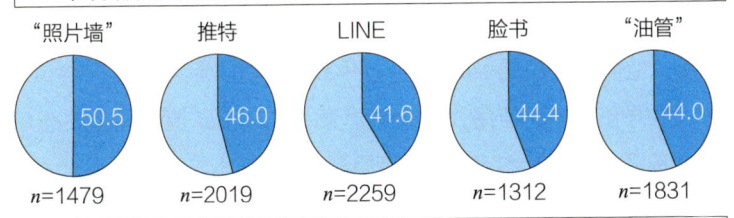

"照片墙" 50.5 n=1479
推特 46.0 n=2019
LINE 41.6 n=2259
脸书 44.4 n=1312
"油管" 44.0 n=1831

你有没有以社交网络上的信息为契机或参考,第一次在某个电商网站购买商品?

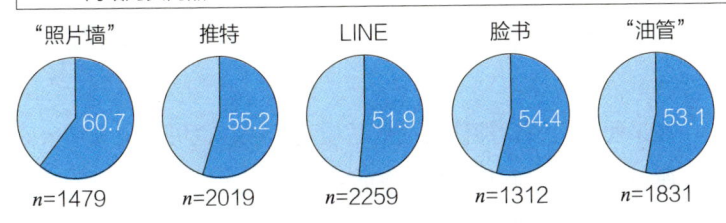

"照片墙" 60.7 n=1479
推特 55.2 n=2019
LINE 51.9 n=2259
脸书 54.4 n=1312
"油管" 53.1 n=1831

图6-7　社交网络使用情况调查

这是2020年8月针对2908人进行的关于社交网络使用情况的调查。无论是促使用户前往实体店,还是促使用户在线购物,在这两方面效果最突出的都是"照片墙"。估计主要原因在于照片比较直观,能够促使人们产生购买商品或光顾店铺的欲望。

（出处）联合创造者

▶▶ 使用"照片墙",要花很多时间和精力制作内容

但是,与其他社交网络相比,使用"照片墙"的难度更高。

它是一种几乎只靠照片吸引关注的简单媒体,正因为如此,消费者往往只凭照片的质量来判断"喜欢"还是"讨厌"。

如果你的照片没有足够的品位,无法取悦消费者或者勾起他

们的购买欲望，那就不能发挥"照片墙"的优势。

笔者曾经采访过众多成功使用"照片墙"的公司和店铺，那些成功的企业，总体来说，它们的社交网络负责人的创新能力都很强，他们与其说是商务人士，不如说是创作者。

推特和脸书的使用诀窍通过摸索就能逐渐掌握，但是要想用好"照片墙"，很大程度上要靠使用者的天分。

使用"照片墙"的门槛之所以高，另一个原因是制作内容需要花很多时间。

人们在推特上发的都是简短的句子，所以每次发布不需要太多时间。

如果使用脸书，即使发的照片质量一般，也可以用文字来弥补，所以不需要在制作上费太多心思。

但是，使用"照片墙"时，你需要花很多时间拍摄并编辑照片，而且还要制作主题标签，嵌入搜索关键词。

以前笔者采访过东京都内一家致力于使用"照片墙"的咖啡厅，发现他们的作业过程非常复杂。造型师负责布置小饰物及盘子等作为美食的背景，拍出来的照片由专门的工作人员用图片编辑软件进行加工，最后再找外部的专业写手写评论。

接下来，社交网络的专属负责人使用分析工具，调查用户对什么样的照片和关键词感兴趣，反复进行市场测试，维护"照片墙"账号的运营。

在社交网络当中，虽然"照片墙"更容易招揽顾客，但是它要求负责人具备更强的创新能力，运用的难度更大。

第 6 章
彻底追求沟通质量的"网络新战略"

›› 交给代理商是对是错

"照片墙"的影响力日益增加，但是并非所有企业都能熟练使用，因此社交网络的代理运营服务越来越受到人们的关注。

那些无法将人力和财力资源投到社交网络运营的企业，通过委托掌握"照片墙"及推特等运营技巧的代理商发布内容，也可以运营难度较大的社交网络账号。

但是，考虑到社交网络的性质，这种委托代理商的方式很少会取得成功。

既然委托代理商，就说明委托方的公司内部很可能还不确定使用"照片墙"的方法和目的。

那些缺少运营社交网络账号的基础知识和技巧的公司，即使委托代理商来运营，也不知道怎样做才对、怎样做会失败，所以往往采取"全权托付"的模式。结果只是白白浪费营销费用，也无法验证性价比。

即使点赞和转发的次数增多了，往往也无法反映在揽客数及销售额上。运营"照片墙"时，光靠技术和照片质量是远远不够的。

运营"照片墙"没那么容易，并非委托给第三方就万事大吉了。

›› 来店客人和社交网络用户都要用心接待，高知市的人气寿司店牢牢抓住顾客的心

不仅限于"照片墙"，所有社交网络都很难运营。但是，如

果你能善加使用，它们就会成为强有力的武器，帮助你将其他竞争对手远远甩开。

运营社交网络时，只要记住一点，你的态度就会完全不一样。

我给大家介绍一个案例，可以很好地证明这一点。

"寿司巴鲁　美味寿司"是位于高知市柳町商业街的一家寿司店。他们家的"照片墙"，让人一看就很有食欲。

菜板上摆着肥美的鲣鱼及新鲜的秋刀鱼做成的握寿司[1]，还有秋季刚从市场上采购的肥硕的鲣鱼，那些照片令人垂涎三尺，观看者条件反射般地产生预约该店的冲动。

老板马诘秀夫先生说："八成左右的顾客是看了社交网络账号上的照片之后来店里的。"

马诘先生认为随季节变化的寿司食材比其他美食更能通过照片让顾客赏心悦目，所以开店伊始就开始运营"照片墙"、推特和脸书账号。

这家寿司店几乎每天都会上传勾人食欲的照片，这在当地引发了热议。他们发布一次内容最多时收到400多次点赞，非常受欢迎，甚至刚一发布，座位就被预约满了。

我问马诘先生怎样运营社交网络才能吸引顾客，他谦虚地回答说："我们只是想让顾客开心。"

"无论让顾客坐在柜台前品尝寿司，还是在社交网络上欣赏寿司的照片，我们都会全心全意地让顾客开心。线上线下的客人

---

[1] 将生鱼片等海鲜或其他食材放在用手捏成的饭团上制成的寿司。——译者注

第 6 章
彻底追求沟通质量的"网络新战略"

这是"寿司巴鲁 美味寿司"在"照片墙"上分享的照片,美味似乎能透过屏幕传达出来。如果你实际去店里品尝一下,美食与服务都不会让你的期待落空,因此顾客越发成了该店社交网络账号的狂热粉丝。

都很尊贵,不能敷衍了事。"

2020年疫情反反复复,不过社交网络上的粉丝顾客并没有离开。单价8000日元(不含税)的"美味寿司的新春十样五彩散寿司①",100份全部卖光。

马诘先生说:"由于疫情,我们减少了座位,改成了预约制。来店里的顾客总数减少了,不过我们可以提供更加周到的服务,顾客在店里逗留的时间也变长了,我想顾客的满意度应该有所提升吧。"

---

① 散寿司是将大量醋饭铺在盒状餐具内,然后拌入或撒上多种配菜的寿司。——译者注

逆风翻盘
后疫情时代中小企业的自救之道

店里不得不缩短营业时间，在这种严峻的形势下，凭借适合拍照的外送美食和细致周到的服务，美味寿司依然赢得了很高的顾客满意度。

》》对社交网络和现实中的顾客一视同仁

如果"希望顾客来店里"的想法过于强烈地体现在企业或店铺的社交网络账号中，那么你发布的信息就很容易带有浓厚的宣传色彩。

由于你的目的不是向顾客传递信息，而是提升销售额，所以发布的内容就很难打动顾客的心。

而且这些以自我为中心发布的、没把顾客放在心上的信息，还有可能让看到信息的人感到不愉快。

但是，如果你像马诘先生那样，怀着让顾客开心的念头发布信息的话，就像顾客会光顾服务周到的实体店一样，粉丝顾客也会关注你的社交网络账号。

社交网络不是用来招揽顾客的宣传工具，而是为了让顾客开心的服务工具，只有拥有这种觉悟，你才能通过社交网络实施你的战略。

有些店铺之所以无法成功运营"照片墙"或推特账号，主要原因在于他们是利用业余时间运营社交网络的。

如果你真心想让那些关注你的"照片墙"账号的顾客感到开心，你就会努力构思照片的布局，也会认真营销。

第 6 章
彻底追求沟通质量的"网络新战略"

但是,如果你认为"只要好好接待来店里的客人就行""因为没有时间,随便上传一些照片就行",不用心运营社交网络账号的话,顾客自然不会觉得你的账号有意思,也不会光顾你的店铺。

在"照片墙"上随便发布照片,等于随便对待顾客,给顾客提供粗糙的商品、糊弄的食物。

要像"寿司巴鲁 美味寿司"那样,无论对社交网络上浏览照片的顾客,还是对坐在柜台前品尝寿司的顾客,全都一视同仁,提供最好的服务。这样的企业和店铺才能有效利用社交网络,在逆境中胜出。

▶▶ 在社交网络购买商品的契机是"熟人发布的信息""关注""搜索"

怎样才能让店铺的"照片墙"账号受到顾客的喜爱呢?

企业不善于利用"照片墙",是因为不理解"照片墙"的机制,不知道怎样才能把它和销售额挂钩。

光是拍摄商品或服务的照片,嵌入顾客可能会搜索的主题标签,这样的内容不会对提升销售额有所帮助。

什么样的人在使用"照片墙"?他们怎样才能找到你发布的内容?你首先需要理解这个过程。

要想有效利用"照片墙"等社交网络,你必须了解怎样才能"被知道",也就是如何扩大知名度。

在社交网络中,某个人、某种商品、某项服务、某家公司

逆风翻盘
后疫情时代中小企业的自救之道

"被知道"很重要,如果处于"不为人知"的状态,社交网络账号就不会发挥作用。

接下来,我将使用各种数据给大家讲一下社交网络的根本原理和原则。

趋势派[①](Trenders)面向社交网络的女性用户进行的调查显示,关于社交网络上"促使她们购物"的内容,回答最多的是"朋友或熟人推荐的内容",占49%。

第二多的回答是"艺人或名人推荐的内容",占34%。由此可见,促使她们消费的内容大多是"有所了解的人发布的内容"。

而第三多的回答是"企业在社交网络官方账号发布的内容",占24%(图6-8)。

这说明,将社交网络与消费挂钩的另一个因素是对企业或店铺的"关注"。顾客关注企业的官方账号,意味着她们在使用社交网络之前就知道该企业的商品或服务。

例如,消费者关注可口可乐在社交网络上的官方账号,是因为他们原本就知道可口可乐这个公司。如果是没听说过的企业的社交网络账号,消费者根本就无从关注。

也就是说,事先知道某家店铺或公司的商品信息,是关注其官方账号的大前提。关注该企业的社交网络账号之后,消费者才能获得更多相关信息,从而产生购买的想法。

---

① 一家从事市场营销和投资业务的日本企业。——编者注

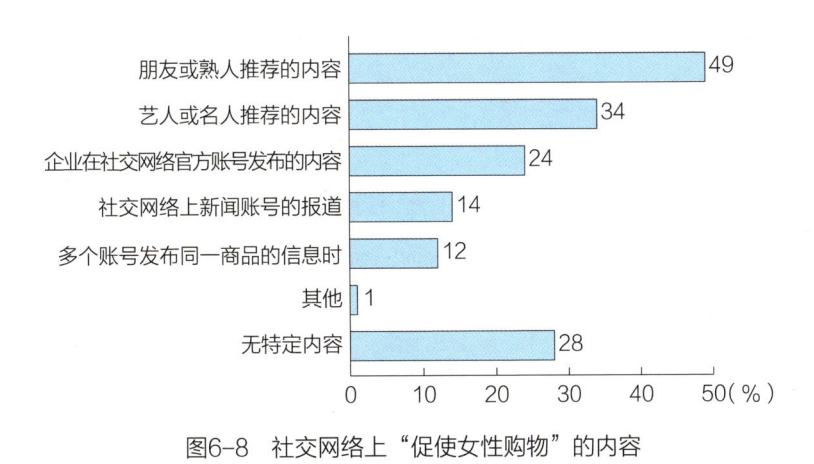

第6章
彻底追求沟通质量的"网络新战略"

内容	百分比
朋友或熟人推荐的内容	49
艺人或名人推荐的内容	34
企业在社交网络官方账号发布的内容	24
社交网络上新闻账号的报道	14
多个账号发布同一商品的信息时	12
其他	1
无特定内容	28

图6-8 社交网络上"促使女性购物"的内容

这是2017年针对1000名女性进行的调查,她们使用"照片墙"或推特等社交网络时,不发布信息,主要收集信息。结果显示朋友、熟人、艺人、名人发布的内容很容易促使她们消费。

(出处)趋势派

将社交网络和商品联系在一起的第三个要素是"搜索"。

根据GLAP娱乐[1](GLAP entertainment)针对使用"照片墙"的女性的调查,我们发现,当有想要的商品或服务时,曾经在"照片墙"上搜索主题标签的人占74.5%(图6-9)。

>> **重要的是提前打响知名度**

将这三个调查结果的数据进行分析,我们会发现,促使消费

---
[1] 一家从事娱乐内容开发、创意规划和广告代理等业务的日本企业。——编者注

205

逆风翻盘
后疫情时代中小企业的自救之道

者在包括"照片墙"在内的社交网络上购买商品或服务,或者光顾实体店的行为模式主要有以下3种。

关于在"照片墙"搜索的问题

当你有想要的商品或服务时,
有没有在照片墙上搜索过主题标签?

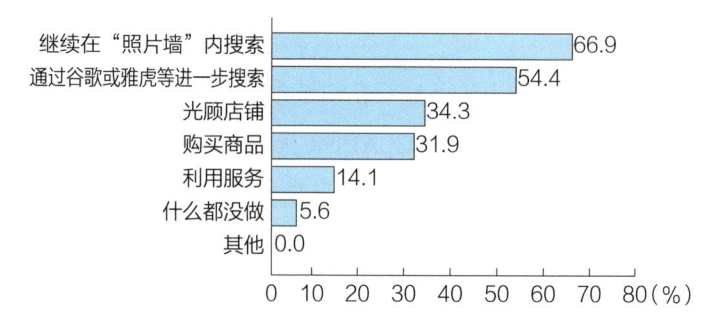

没有 25.5
有 74.5
(%)

搜索以后,你采取了什么行动?
请选择所有符合的选项。

选项	百分比
继续在"照片墙"内搜索	66.9
通过谷歌或雅虎等进一步搜索	54.4
光顾店铺	34.3
购买商品	31.9
利用服务	14.1
什么都没做	5.6
其他	0.0

图6-9 关于女性在"照片墙"搜索的问题

这是2020年针对333名"照片墙"的女性用户的调查。结果显示,相当一部分的用户在"照片墙"上搜索以后,会继续在谷歌上搜索,进一步深挖信息。

(出处)GLAP 娱乐

第6章
彻底追求沟通质量的"网络新战略"

1. 看了认识的人或知道的名人发布的内容后在线购买或光顾实体店。

2. 看了知道的店铺、企业、商品的相关内容后，在线购买或光顾实体店。

3. 搜索之后在线购买或光顾实体店。

第1种情况中，"认识的人"是一个大前提，所以你会发现店铺、公司、商品的知名度非常重要。

例如，如果是当地有名的拉面店，很可能会有熟人光顾并在社交网络上发布店铺消息，吸引更多人到店消费。

反过来，如果是一家不知名的拉面店，熟人可能根本就不会光顾，更别说是发布消息了，因此很少有人通过社交网络到店消费。

也就是说，"知道的人多就等于知名度高"，知名度越高，认识的人发布相关消息的可能性就越大，社交网络就能带来更多顾客，从而形成良性循环。

第2种情况中的"知道的店铺、企业、商品"也和第1种情况一样，本身知名度和社交网络上的营销效果成正比。

知名企业的社交网络账号拥有众多粉丝，而无名企业的账号很少有人关注。自然是知名企业更容易通过社交网络招揽顾客。

因此，比起在社交网络上发布的内容，本身的知名度给揽客及销售带来的影响更大。

分析一下这两种情况，你就会发现，在社交网络上促销时，发布内容之前先增加"知道"的人数非常重要。

例如，网络广告、报纸夹页广告、广播广告等营销方式，能够在事前增加"知道"的人数，从而直接提升知名度。

知名度上升以后，社交网络上的粉丝就会增多，他们肯定是某些人"认识的人"，那么其发布的内容就会有助于提升销售额。

另外，为了增加光顾店铺的人数，你还要提高服务水平，发放折扣券，这样会吸引更多"认识的人"，从而让他们在社交网络上扩散更多消息。

这些促销手段乍一看似乎跟社交网络没什么关系，不过如果你把事前"知道"看作促使消费者购买的因素，你就会发现，与其在社交网络上下功夫，不如实施线下的营销活动，这样更容易提高社交网络的营销能力。

》 社交网络为消费者提供了"知道"的契机

第3种情况是"搜索"，这是唯一从"不知道"的群体中招揽顾客的途径。

但是，通过搜索招来的顾客也有一部分事先就"知道"。

前文提到的GLAP娱乐的调查显示，在"照片墙"上搜索主题标签的人达到了74.5%，其中应该也包括搜索已知商品名称或品牌名称的人。

例如，也许有人会在"照片墙"上搜索"#时尚日用品"，同时应该也有人搜索品牌名称或企业名称，如"#无印良品""#宜得利"等。

第 6 章
彻底追求沟通质量的"网络新战略"

如果消费者通过"#时尚日用品"这个关键词搜索到了以前根本不知道的商品,也搜索到了"#无印良品""#宜得利"等知道的商品或者认识的人介绍的服务,那么消费者的购买意向很有可能向后者倾斜。

也就是说,如果搜索结果中出现了闻所未闻的商品或服务,消费者直接购买的概率应该很低。

消费者将钱袋子系得很紧,对于从未耳闻目睹的陌生商品或服务,不会马上付钱购买。

先通过搜索继续收集信息,自己心中对该商品有一定"了解"之后再购买,这才是消费者的普遍心理。

前文提到的GLAP娱乐的调查结果也显示,54.4%的人在"照片墙"上搜索之后,还会进一步到谷歌或雅虎上搜索。

这个数据表明,社交网络只是给消费者提供了"知道"的契机,要想推动顾客进入"购买"阶段,还需要在社交网络之外发布信息。

因为如果在社交网络遇到"不知道"的商品或服务,很少会有人选择直接购买。

》只要回归做生意的出发点,社交网络就一定会成功

通过以上分析,你就会发现,如果是"认识的人"或"知道的店铺"在社交网络上发布的内容,就容易促使消费者购买。

反过来,"不认识的人"或"不知道的店铺"发布的内容很

逆风翻盘
后疫情时代中小企业的自救之道

难促使消费者购买。由此可见，在社交网络上，消费者非常重视知名度和可信度。

有些企业过于关注社交网络的使用方法，误以为答案存在于战略或技巧中，其实回归做生意的出发点，"增加知道的人"才是最有效地利用社交网络的营销方法。

这样一想，你就会明白"寿司巴鲁　美味寿司"为什么会在社交网络上受到好评。

因为他们重视光顾店里的顾客，因此很多人会在社交网络上发布消息，说"这家店不错"，所以越来越多的消费者关注该店的社交网络账号，才能形成老顾客带新顾客的良性循环。

销售额增加的关键在于商品本身的实力和服务水平，以及为了增进消费者的了解而强化的线下营销活动。

也许这个结论和你之前的认知有些出入，但是如果你没有意识到这个现实，一直抱有幻想，认为"只要不断在社交网络上发布消息，总有一天销售额会提升"，就会疏忽了问题的本质部分，即改善商品和服务。

如果顾客被打动了，他们就会主动在社交网络上分享店铺信息，这样一来"知道"的人就越来越多，这才是通过社交网络招揽顾客的正确方式。

第6章
彻底追求沟通质量的"网络新战略"

> **在逆境中生存的公司**：对关注社交网络账号的顾客和光顾实体店的顾客一视同仁，同样重视。
>
> **在逆境中消亡的公司**：将社交网络账号的运营工作全部交给代理商，也不确定战略和发展方向，只是盲目地不停发布信息。

小公司的出路在于数字与传统的融合

▶▶ 网络广告的增长和线下广告的减少

零售业的数字化转型正在加速。

但是，规模较小的公司很难在逆境之中强化网络业务。

最大的原因就是广告费的上涨。

电通公司每年都会进行"日本的广告费"的调查，其2020年度的调查显示，即使在疫情期间，网络广告费也比上一年增长了5.9%，其市场规模不断扩大，占广告费总额的36.2%（表6-1）。

其中，"商品销售类电商平台上的广告费"为1321亿日元，比上一年增长了24.2%，疫情期间网络邮购市场扩大的速度之快，可见一斑。

与之相反，报纸（上一年的81.1%）、电视（上一年的89.0%）、广播（上一年的84.6%）、杂志（上一年的73.0%）这4种

逆风翻盘
后疫情时代中小企业的自救之道

表6-1 疫情导致网络广告费不断增加

媒体\广告费	广告费（亿日元） 2018年	2019年	2020年	同比（%） 2019年	2020年	权重（%） 2018年	2019年	2020年
广告费总额	65300	69381	61594	106.2	88.8	100.0	100.0	100.0
4种传统媒体上的广告费	27026	26094	22536	96.6	86.4	41.4	37.6	36.6
报纸	4784	4547	3688	95.0	81.1	7.3	6.6	6.6
杂志	1841	1675	1223	91.0	73.0	2.8	2.4	2.0
广播	1278	1260	1066	98.6	84.6	2.0	1.8	1.7
电视媒体	19123	18612	16559	97.3	89.0	29.3	26.8	26.9
无线电视	17848	17345	15386	97.2	88.7	27.3	25.0	25.0
卫星电视相关	1275	1267	1173	99.4	92.6	2.0	1.8	1.9
网络广告费	17589	21048	22290	119.7	105.9	26.9	30.3	36.2
源自4种传统媒体的数字广告费	582	715	803	122.9	112.3	0.9	1.0	1.3
数字报纸	132	146	173	110.6	118.5	0.2	0.2	0.2
数字杂志	337	405	446	120.2	110.1	0.5	0.6	0.7
数字广播	8	10	11	125.0	110.0	0.0	0.0	0.0
数字电视媒体	105	154	173	146.7	112.3	0.2	0.2	0.3
电视媒体相关的视频广告	101	150	170	148.5	113.3	0.2	0.2	0.2
商品销售类电商平台上的广告费		1064	1321		124.2		1.5	2.1
推广媒介上的广告费	20685	22239	16768	107.5	75.4	31.7	32.1	27.2
室外	3199	3219	2715	100.6	84.3	4.9	4.6	4.6
交通	2025	2062	1568	101.8	76.0	3.1	3.0	2.6
报纸夹页广告	3911	3559	2525	91.0	70.9	6.0	5.1	4.1
直邮广告	3678	3642	3290	99.0	90.3	5.6	5.3	5.3
免费报纸	2287	2110	1539	92.3	72.9	3.5	3.1	2.5
POP	2000	1970	1658	98.5	84.2	3.1	2.8	2.7
活动/展示/影像等	3585	5677	3473	158.4	61.2	5.5	8.2	5.6

企业用于报纸、电视、广播、杂志等传统媒体的广告费不断减少，而投入的网络广告费却在持续增长。

（出处）电通"日本的广告费"调查

第 6 章
彻底追求沟通质量的"网络新战略"

传统媒体的广告费出现了减少倾向。

2019年网络广告费超越了电视媒体广告费，2020年4种传统媒体上的广告费总额与网络广告费总额基本持平，为22000亿日元。

可以断言，在不远的将来，网络广告费将会占据广告市场的一半以上。

》》大企业将用于电视和报纸的广告费投入到网络

但是，如果你单看这些网络市场急速增长的数据，就以为网络市场中存在机会的话，恐怕为时过早。

网络广告费在增长，同时也意味着网络市场中的竞争在不断加剧。

请看上表，2018年的广告费总额约为65300亿日元，而2020年的广告费总额约为61594亿日元。

虽然金额有所减少，但是市场规模并没有大幅度缩小。

尽管如此，网络广告所占的比例却提高了，这说明大型企业可能将用于电视或广播等媒体上的广告费转投到了网络上。

当然了，网络广告大多都是小额交易，市场规模的扩大也可能是由于小公司新发布的广告。

但是，如果你综合考虑网络广告费和4种传统媒体的广告费的变化趋势，就会发现广告费只是从传统媒体转移到了网络上的想法更加合乎情理。

大部分大型企业都成立了网络战略办公室或网络营销部门，

自行开展网络邮购的企业也在增多。

大型化妆品厂家在"油管"上发布广告，大型连锁餐饮企业在社交网络上发放优惠券，根据这一现状来看，很明显，通过广告费抢夺顾客的竞争已经从传统的4种媒体转移到了网络上。

这样一来，小公司在网络市场上的竞争中就越发不占优势。

在搜索引擎上投放广告，原来点击一次企业需要支付10日元，几个月后由于大企业的加入，也许会上涨到点击1次要支付1000日元。

以前，在电视上打广告是只有大企业能做到的促销手段，而几年以后，也许小公司就无法在网络上打广告了。

另外，小公司也很难留住负责网络市场的人才。

大型企业能够支付高额薪酬，把那些信息技术领域的人才全都抢走，因此大企业与小公司的人才之间的能力差距会越来越大。

如果是几年前就开始网络业务的企业，因为积累了一定的人才和技术，也许还能跟得上数字化转型的时代潮流。

但是，如今的网络市场没那么好混，在疫情的影响下，既没有人力财力又没有技术的公司，即使贸然加入进来，也不会取得成功。

》 一天卖出100万日元的面条厂通过LINE官方账号留住本地顾客

那么，小公司怎样才能利用网络在逆境中胜出呢？

我来给大家介绍一个独特的案例。

在横滨市生产拉面、荞麦面等面条类产品的"丸纪"，在既

第 6 章
彻底追求沟通质量的"网络新战略"

没有人力和财力，又没有时间的情况下，完美地将数字战略和传统战略融合在一起，取得了成功。

这家工厂原本将产品批发给超市，但是总经理川口尚纪却想通过开展直销业务让本地人更加了解自己的公司。于是他决定每个月在工厂内举办一次面条直销会，销售拉面、荞麦面、乌冬面等产品。

招揽顾客的方法非常简单。

他通过报纸夹页广告告知当地人有直销会，给赶来参加的人提供了一项优惠：如果在LINE上添加好友，就赠送一份用于炒面的面条。

通过这种促销手段，第一次直销会吸引了150名顾客，卖出了15万日元。

丸纪每个月举办一次面条直销会。由于直接和顾客进行沟通，所以比网络邮购更容易增加粉丝顾客的数量。

川口总经理觉得"反应还算不错",于是把这项业务延续下来。后来每次举办直销会,顾客人数都有增加,两年后(2021年)的黄金周期间举办的直销会盛况空前,竟然有500人来买面条。

当天的销售额超过了100万日元,尽管面条是一种单价较低的商品,每位顾客的平均消费却在2000日元以上。直销会人气很旺,包含汤料在内,6000多件商品在2小时内一售而空,就连当地报纸都报道了这一盛况。

"在年底的直销会上,我们卖出了300份除夕夜吃的荞麦面,200份香葱鸭胸荞麦面。像我们这种没有零售经验的厂家,一天能卖出这么多荞麦面,还是很惊人的。"

有的企业花大价钱开网店,再投入广告费,甚至负担邮费进行廉价销售。相比之下,通过LINE直接和顾客建立联系,邀请他们来参加直销会,更能够确保利润。

川口总经理说:"我们可以通过直销会了解顾客喜欢什么样的面,因此获得了很多研发商品的启示。"

这样一来,直销会的协同作用也开始体现在批发业务上了。

▶▶ LINE上的消息已读比例占九成

丸纪举办的直销会之所以成功,秘诀就在于与众不同的扎根地域型战略。

其实在开始直销会的前一年,丸纪启动了网络邮购业务,想

第6章
彻底追求沟通质量的"网络新战略"

要将面条销往日本各地。但是,由于没有熟悉网络的员工,还要投入巨额广告费,再加上竞争对手很多,没多久他们就撤销了这项业务。

作为替代方案,他们开始举办直销会。

使用报纸夹页广告,就能缩小范围,在某个特定的区域招揽顾客。比起网络广告,花的预算更少,也不需要专业知识。

由于是本地顾客,他们对工厂有一种亲近感,实际体验好的话还会帮忙口头宣传,所以信息很容易传播出去。

另外,购买商品的顾客还会获赠用于炒面的荞麦面,增加了添加LINE好友的人数,也加快了招揽顾客的速度。

报纸夹页广告适合吸引新顾客,但是有时候散发广告单的区域会变,有的顾客第二次收到广告单就直接忽略了,所以发放广告单不适合招揽回头客。

但是,只要能让顾客在LINE上添加好友,就可以定期给他们发送信息,即使顾客忽略了广告单,也能获得直销会的消息。

2021年5月,丸纪在LINE上的好友数量达到了1014人。令人吃惊的是,发送的消息已读比例接近九成。

丸纪之所以能吸引这么多热情的粉丝顾客,自然是因为他们的面条好吃,还有一个很大的原因就是直销会,因为他们在线下为顾客提供了真实的体验。

顾客在网上只能点击或滑动鼠标,与企业员工没有什么接触。顾客对卖家的兴趣减弱的话,回购率就会降低,必然就会造成招揽顾客的成本上涨。

反过来，丸纪的产品"只能在现场买到"，会给人一种物以稀为贵的感觉，顾客有了"特意前去购买"的意愿，对LINE上的信息的关注度也提高了。

另外，川口总经理还面向前来参加直销会的顾客发行一张A4纸大小的新闻简报，取名"面条新闻"，这也进一步吸引了粉丝。

只是通过LINE发消息的话，能够传达的信息很少，而且带有很浓的宣传色彩，不容易留住顾客。

但是，如果卖家能够使用纸质媒体传达自己的人品、性格以及对工作的热情，就更容易吸引粉丝，也能提高顾客阅读LINE上的消息的概率。

〉〉 小公司不可随波逐流

当陷入逆境时，由于整个社会都在走下坡路，很多企业想出的克服方法都很类似。

但是，显而易见，如果采取同样的做法，资本雄厚的公司更容易获胜，掌握技术和信息的店铺更有优势。

因此，小公司或小店陷入逆境时，更不能采取和大多数生意人相同的行动。要想夹在大企业的缝隙间艰难地爬上去，就应该特地关注别人没有注意到的地方。

例如，前文中电通公司公布的"日本的广告费"调查显示，2020年，室外广告牌费用是上一年的84.3%，交通广告费用是上一年的76.0%，报纸夹页广告费用是上一年的70.9%，可以看

第 6 章
彻底追求沟通质量的"网络新战略"

出,与网络广告相比,传统媒体的影响力明显减弱了。

但是,影响力减弱的同时意味着大型企业及促销能力强的公司不再参与。

实际上,在室外竖一块广告牌,或者在报纸中夹广告单,都是本地的小公司的做法。他们和那些面向全国投放网络广告的大企业不同,是你靠商品实力及服务水平就可以战胜的对手。

另外,虽然线下广告媒体的市场规模缩小了,消费者的反应却没有相应地变差,这一点也值得关注。

根据折夹[①](ORIKOMI)服务公司的调查,针对"看到室外广告后,你实际采取过的行动是什么?"这个问题,回答"曾经搜索过该广告"的人占24.8%,回答"曾和家人谈论过该广告"的人也有23.3%(图6-10)。

另外,该公司还调查了消费者去店里的动机,结果发现,看了报纸夹页广告之后去店里的人占25.2%,而看了网络广告之后去店里的人仅占15.0%(图6-11)。

▶▶ 网络广告的效果欠佳

当我谈到报纸夹页广告的效果时,有人会反驳说:"订阅报纸的人越来越少,所以报纸夹页广告应该没多大用处。"

但是,虽说报纸的读者数减少了,但是比起网络用户,订阅

---

① 日语单词,表示将广告单折叠夹入报刊中,简称折夹。——译者注

逆风翻盘
后疫情时代中小企业的自救之道

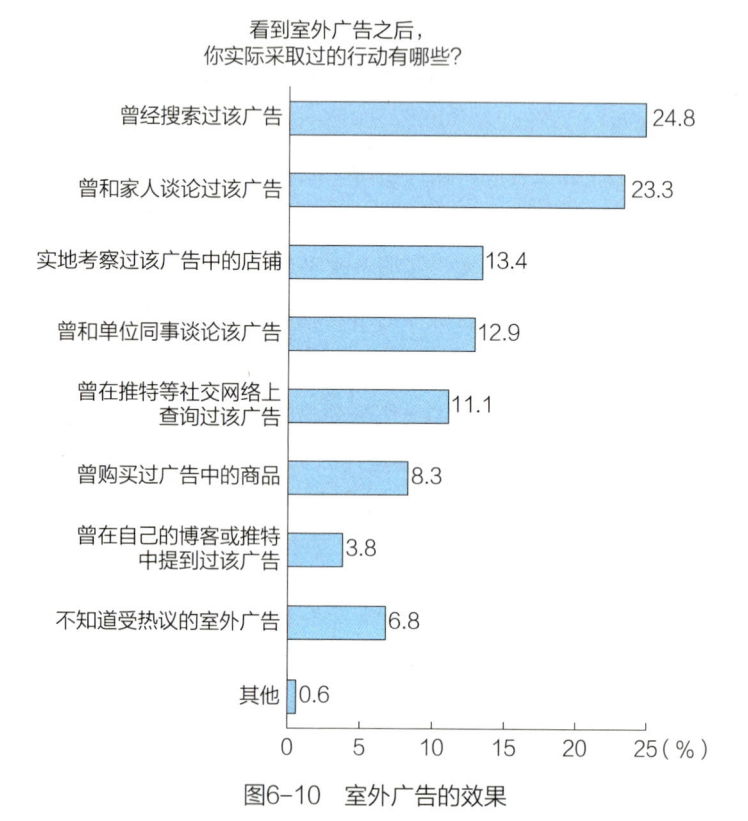

看到室外广告之后，
你实际采取过的行动有哪些？

行动	百分比
曾经搜索过该广告	24.8
曾和家人谈论过该广告	23.3
实地考察过该广告中的店铺	13.4
曾和单位同事谈论该广告	12.9
曾在推特等社交网络上查询过该广告	11.1
曾购买过广告中的商品	8.3
曾在自己的博客或推特中提到过该广告	3.8
不知道受热议的室外广告	6.8
其他	0.6

图6-10 室外广告的效果

这是2017年针对东京都和3个县的652名普通消费者的调查，主题是关于室外广告引发的行动。我们在不经意间容易忽略的室外广告牌，实际上会引发消费者的搜索或议论。

（出处）折夹服务

第6章
彻底追求沟通质量的"网络新战略"

"光顾报纸夹页广告上的店铺"的人占25.2%

最近一年,你看到报纸夹页广告之后采取的行动

行动	比例(%)
去报纸夹页广告上的店里	25.2
使用报纸夹页广告附带的优惠券	20.7
在搞促销活动期间,购买该商品或利用该服务	11.8
在其他媒体(网络等)上查询该商品或服务	8.4
扫描报纸夹页广告上的二维码	8.3
将报纸夹页广告放到桌子上回头再看	8.3
决定星期几或趁什么时机去购买该商品或利用该服务	8.1
去参加该商品的展销会等活动	6.4
在网上订购该商品或服务	3.8
打电话订购该商品或服务	3.4
发传真订购该商品或服务	1.8
最近一年没有采取以上行动	6.3

$n=1625$

"光顾在网络广告中看到的店铺"的人仅15.0%

最近一年,你看了网络广告之后采取的行动

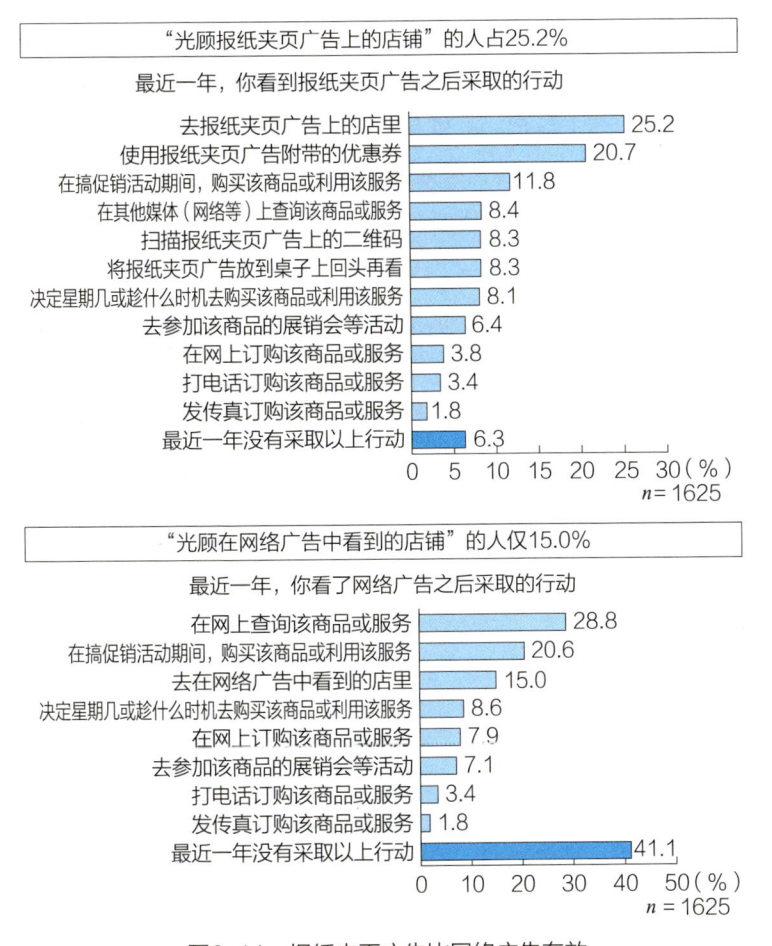

行动	比例(%)
在网上查询该商品或服务	28.8
在搞促销活动期间,购买该商品或利用该服务	20.6
去在网络广告中看到的店里	15.0
决定星期几或趁什么时机去购买该商品或利用该服务	8.6
在网上订购该商品或服务	7.9
去参加该商品的展销会等活动	7.1
打电话订购该商品或服务	3.4
发传真订购该商品或服务	1.8
最近一年没有采取以上行动	41.1

$n=1625$

图6-11 报纸夹页广告比网络广告有效

这是2020年针对1625名20~69岁的消费者的调查。报纸夹页广告虽然处于减少趋势,却比网络广告更容易促使消费者光顾实体店。可见如果你要开展扎根地域型业务,使用纸质媒体更有优势。

(出处)折夹服务

逆风翻盘
后疫情时代中小企业的自救之道

报纸的人中对促销广告有反应的消费者占压倒性多数。

折夹服务公司的调查显示，半数以上的人"几乎每天浏览"报纸夹页广告（53.5%），和"攒几天再看"的人以及"偶尔会看"的人合起来共占86.9%，可见浏览率惊人（图6-12）。

网络广告之所以花钱多，一方面是因为竞争对手多，另一方面是因为效果欠佳。

假设网络广告的最终成果转化率为1%，那么为了让消费者购买1件商品，你必须让100名顾客看到广告。

同样的情况下，要想销售100件商品，则必须让10000名顾客点击广告。也就是说，实质上只有投资给能确保10000名用户点击，才能售出100件商品。

你会看报纸夹页广告吗？
关于最近半年内的频率

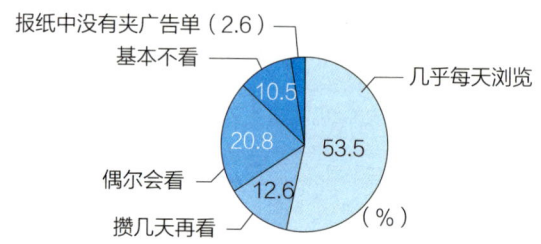

- 报纸中没有夹广告单（2.6）
- 基本不看 10.5
- 偶尔会看 20.8
- 攒几天再看 12.6
- 几乎每天浏览 53.5
（%）

图6-12 半数以上的人几乎每天浏览报纸夹页广告

回答"基本不看"的人大约只占一成。由此可见，订阅报纸的人已经养成了浏览报纸夹页广告的习惯。

（出处）折夹服务

第 6 章
彻底追求沟通质量的"网络新战略"

但是，如果你使用报纸夹页广告，将会有大约87%的人浏览，然后其中约25%的人会来店里，性价比要高得多。

当然，这只是按照概率推算出的理想情况，但是至少对小公司和小店来说，与其硬要挤入上升的市场，不如加入被很多人忽略的看似衰退的市场，这样会有更多商机。

▶▶ 网络广告代理商开始在野外竖立广告牌的原因

以前，听说有家网络广告代理商开始致力于线下广告的促销活动，比如在报纸中夹入广告单、在野外竖立广告牌，于是我去采访了他们。

总经理说，网络广告的价格将不断上涨，以小公司的资金力量很可能无法维持下去，所以该公司转向了传统广告，以争取更多的小型客户。

实际上，在网络广告的挤压下，电视和广播的广告费用大幅度下降，性价比往往比网络广告更高。

另外，传统广告领域还有一个优点，那就是认真营销的广告代理商较少，也缺乏网络广告领域那样优秀的营销人员，所以广告代理商的竞争对手较少，比较容易占领市场。

时代的潮流确实在转向网络，不过对于小公司来说，看似落伍的传统媒体反倒成了一块宝地。

前文中介绍的丸纪也是如此，很多生意人觉得在报纸中夹入广告单的方式过于陈旧，对此根本不屑一顾，丸纪却将其和

LINE这种数字媒体融合在一起，通过直销会成功吸引了顾客。

企业要想在逆境中胜出，数字化转型是必不可少的要素，如果你能将传统的战略与其紧密结合，就能创造出大型企业无法效仿的独特的网络战略。

> **在逆境中生存的公司**：不只限于网络，也能合理利用传统方式，找出适合自己公司的独创的促销方式。
>
> **在逆境中消亡的公司**：坚信零售业的数字化转型就是网络邮购，贸然闯入竞争激烈的市场，浪费了人力和财力。

逆境中才能产生超越常识的网络战略

》》 网络业务容易受"揽客技术"的影响

传统的公司在开展网络业务时，失败的原因基本都在于"人"。

有很多公司明明商品和服务的水平都很高，却因为选错了运营负责人或代理运营公司，结果所有的网络战略都变得不协调。

为什么网络业务容易受人的影响呢？

其中一个原因就是，网络业务容易受"揽客技术"的影响。

网络业务中的揽客机制更复杂，企业要想办法在检索结果中优先展示自己的信息，或者通过网络广告吸引顾客。要想解决这

第 6 章
彻底追求沟通质量的"网络新战略"

个问题,你必须依靠专业的技术,如果没有知识和信息,根本就做不成生意。

在传统的商业模式下,开一家店,做一下宣传,就会有顾客上门。网络业务则不一样,光是开店也需要专业知识。

换句话说,如果没有专业的技术,你根本无法站在做生意的起跑线上,这就是网络业务的世界。

而在传统业务的世界,由于店铺选址、商品实力、知名度有很大的影响,所以即使你把人才放在次要地位,也能勉强经营下去。

例如,一家装修公司如果在位置好的地方修建一处样品房,让价格更具有竞争力,通过报纸夹页广告或室外广告牌来提高知名度,也完全有可能吸引顾客上门。

在传统的商业模式下,接待顾客时,员工只要掌握了技巧,就能熟练完成一定水平的工作。

当然,员工的能力会给销售额带来差距,不过只要有经营或接待顾客的经验,掌握线下服务的技巧并不是什么难事。

在传统业务中,管理者只要能够建立不输给竞争对手的商业模式,接下来就只需要维持经营机制的运行,员工是否有很强的能力并不会有很大的影响。

▶▶ 2030年将缺少79万信息技术人才

但是,在网络业务模式下,接待顾客也需要专业的技术。

顾客接触到的是网站的页面。如果你没有制作网页的专业知

逆风翻盘
后疫情时代中小企业的自救之道

识，就连站在接待顾客的舞台上的机会都没有。

要想制作有吸引力的网页、宣传语、文章、照片、视频等，除了掌握网页制作的HTML知识，你还需要创新能力。

这和传统的商业模式大不相同，一个毫无经验的人不可能读一下操作手册就在几个月后成长为一名得力干将。

与传统业务相比，网络业务中员工必须掌握的知识和技术太多了。

网络业务中人才如此重要，但是人才数量却不够，这也是造成零售业及服务业的信息技术化进展缓慢的主要原因之一。

瑞穗信息综研公司[①]"关于信息技术人才需求的调查"的估算显示，2030年将会出现79万名信息技术人才的空缺。网络业务正面临长期的人手不足问题（图6-13）。

信息技术人才也细分为不同的方向，比如网络邮购需要网络业务和市场营销两方面的技术，预计这种兼具多项技术和知识的人才数量的空缺更多。

[①] 日本的信息调查公司，2021年与瑞穗综合研究所合并，改名为瑞穗调查技术公司。——编者注

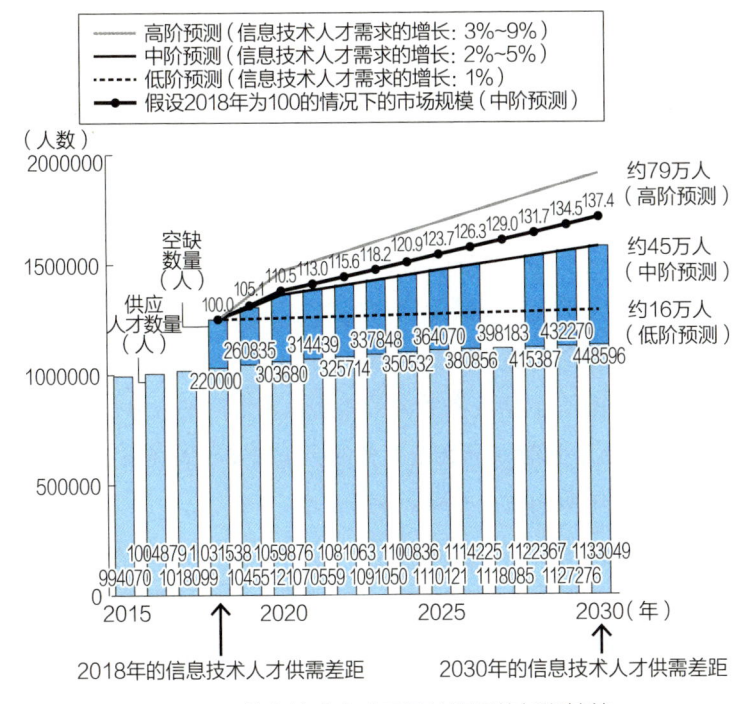

第 6 章
彻底追求沟通质量的"网络新战略"

图6-13 信息技术人才不足的情况将长期持续

根据消费需求的增长，需要的信息技术人才数量会有所不同，所以按照高、中、低3个等级的增长进行了模拟实验。估算出来的最坏情况是缺少79万人，即使按照中阶预测，预计在2030年也会出现45万人的空缺。（人口普查的结果）

（出处）经济产业省"关于信息技术人才需求的调查"（委托瑞穗信息综研公司实施）

逆风翻盘
后疫情时代中小企业的自救之道

》零售业的薪酬很难招到信息技术人才

零售企业很难留住网络相关人才的另一个主要原因是，传统业务和网络业务的人才的年薪差距过大。

求职网站我的导航2020年度的"110种职业的年均收入排行榜"调查显示，从事网络相关工作的人年均收入为561万日元（第21名），而专卖店（及其他零售店）的店铺员工的年均收入为420万日元（第107名）。

两相比较，网络业务人才的年薪比零售店的人才的年薪高100多万日元，即使经营传统业务的企业想要开展网络业务，也无法通过薪酬吸引优秀的网络业务人才。

由于招不到拥有专业技能的人才，很多企业无法开展网络业务。

即使能招到网络业务人才，由于企业提供的薪资在网络行业中水平较低，所以往往招到的人的技能水平也较低。

另外，一些公司的管理层不具备网络知识和技术，无法分辨从业人员的优劣，有可能选择了水平低的合伙公司，结果导致了失败。

一听到"网络"这个词，很多人的印象是无须借助人工能力就能开展业务，其实它比传统业务更考验人的能力。

》不投资给网络业务等于没下真功夫

那么，传统的公司怎样才能招到优秀的网络业务人才呢？

第 6 章
彻底追求沟通质量的"网络新战略"

用一个词概括的话，就是"下真功夫"。

只要肯下真功夫，管理层就会认真给网络业务投资，也会支付高额的薪酬招聘人才，而不是随便找人对付。

大多数网络业务失败的企业都是因为下的功夫不够。

管理层不肯认真地学习网络业务，觉得"反正会有人做"，像开展传统业务时一样，把工作全都交给代理公司。

当然，由于投资的预算少，事业失败的概率也更高。

很多人一开始就觉得不可能进展顺利，所以失败了也没有人想要努力重新站起来。

反过来，如果公司下真功夫发展网络业务，管理层也会认真学习。

因为公司真心想获得成功，就会给那些支援自己的人才以及优秀的合伙企业支付高额报酬。

组织充满挑战精神，就会为了拿出成果认真地分析数据，哪怕失败了，也会从中积累经验、吸取教训。

接下来我给大家介绍一个位于三重县的"三泗超市（SUPER SANSHI）"的案例，虽然它属于传统行业，却下真功夫开展网络业务，取得了成功。

本地超市打破了"网上超市不赚钱"的固有观念

三重县是永旺创业的地方，永旺店铺的数量自然异常多。

"永旺"和"永旺风格（AEON STYLE）"是以食品为主的

逆风翻盘
后疫情时代中小企业的自救之道

超市，只看开店数量的话，截至2021年2月，北海道居首位，共37家店。按照人口比例来看开店数量的话，新潟县排第一，三重县次之。

三重县的面积只有新潟县的一半左右，考虑到这一点的话，店铺数量就太多了，比东京都的店铺数量（16家）还多。在开店数量排前十的都道府县当中，只有三重县内没有政令指定都市①。

另外，三重县四日市市是永旺的起源"冈田屋"的诞生地，永旺的店铺非常密集。

永旺日永店、永旺四日市尾平店、永旺四日市北店这三家店铺集中在这个只有31万人的城市里，与拥有72万人的相模原市（2家店）及作为政令指定都市的静冈市（1家店）相比，数量之多引人注目。

现在永旺的总部设在千叶县，不过说到它创业的起点，人们还是会想到三重县四日市市，这些数字也说明那里是它的"老地盘"。

在永旺的老地盘上，有一家当地的小超市果敢地向它发起了挑战。

那就是创业于1947年的"三泗超市"。

它在三重县内开了13家店铺。销售额为402亿日元，仅占永旺集团的1/214。员工人数只有2400人左右，而永旺集团拥有58万名员工。两家企业的规模可谓是天壤之别。

三泗超市的常务董事高仓照和说："我们无法凭借规模战胜

---

① 日本中央政府对人口在50万人以上的、经济地位重要的大城市的一种管理方式，享有一定程度的自治权，目前共20座城市。——译者注

对方。正因为如此,为了生存下去,我们只能拼命努力。"

他们决定通过送货上门的"网上超市"与永旺一决胜负。

>> 从智能手机上搜索不到的超市和没有停车场的超市一样

现在我们经常听到"网上超市"这个词,而三泗超市早在40多年前就开始了配送服务,以期与永旺对抗。

他们的配送服务始于电话接单,在早期阶段就形成了体系,1997年开始通过网络接收订单,和乐天市场正式营业是同一年。10年前(2011年),由于智能手机的普及,用户数量急剧增多,销售额开始加速增长。

高仓常务董事说:"以前只要在马路边上建一个大型停车场,超市的销售额就会增长。但是,如今在顾客当中普及的不是汽车,而是智能手机。从智能手机上搜索不到的超市和没有停车场的超市一样。"

三泗超市的网上超市办得风生水起。

它的旗舰店"日永佳用店"的年销售额为50亿日元,其中20%以上是靠配送业务实现的。13家店铺中有7家开展网上超市业务,配送带来的销售额占整体销售额的两成以上。

顾客每月支付477日元(不含税)的会费就可以享受配送服务,目前会员人数为18500人,疫情中每年还在以增加3000多名会员的速度稳定扩大。在处于"永旺包围圈"的四日市市,大约6%的家庭在三泗超市的网上超市购物,这对于永旺来说也是一

逆风翻盘

后疫情时代中小企业的自救之道

种威胁。

三泗超市的销售额在过去十年间保持了两位数的增长率，再加上疫情的影响，2020年4月和5月的销售额同比增长了70%。

>> 网上超市的营业利润率比实体店还高

另一个令人惊讶的事实是，人们都说网上超市业务很难盈利，三泗超市却在15年前就开始赚钱了。

在新型冠状病毒开始蔓延之后，网上超市受到了更多关注，而三泗超市早就加入了这个市场，如今从营业利润率来看，网上超市比实体店还要高2%～3%。

高仓常务董事说："因为网上超市是先下单后配送，比起实体店来，降价或废弃造成的浪费较少。员工以钟点工为主，可以将开支比例控制在16%～17%。既不需要接待顾客和收银，也不需要像实体店那样在设备方面投资很多。我认为网上超市无法盈利的原因只有一个，那就是没有下真功夫。只要认真去做，就能获得利润。"

三泗超市是怎样让网上超市实现盈利的呢？要点有三个。

第一个要点是采用了按月收会费的制度。

让用户负担每个月477日元（不含税）的会费，这样一来，用户就会想"我每个月的会费不能白交啊"，于是购物热情就会高涨，购物频率就会提高，单次平均消费金额也会增加。

实际上，在三泗超市的网上超市购物的人比光顾实体店的顾

第 6 章
彻底追求沟通质量的"网络新战略"

客每次平均消费金额要高1000日元左右。

高仓常务董事说:"有的网上超市规定购物5000日元以上才能免费配送,这样一来顾客为了凑单就可能购买一些多余的商品,下订单的频率就会降低。这也会造成配送效率低下,导致网上超市亏损。"

第二个要点是公司自行配送。普通超市的利润率比其他行业低,大概在25%左右。如果你和配送公司平分这个利润,那么基本不剩什么赚头。

该公司很早就意识到这一点,于是自费构建了物流系统。

日永佳用店配备了35辆带冷库的小型货车,多的时候一天能配送1600次。

从雇用司机到派车,全部由自己公司负责,完全不依赖外包的配送公司,因此他们确保了利润。

其中,最大的亮点是设置了配送箱。

三泗超市会给会员免费安装带锁的专用配送箱。配送员只需要将商品送到配送箱内,这样一来,公司能够将时间和人手的浪费控制在最低限度。

》信息技术部门的员工全部自给自足

第三个要点是网络平台的开发和制作全部靠自己的员工完成。

迄今为止,我观察过很多超市,几乎所有公司都不熟悉网络的技术和信息,大多数情况下都是将系统开发和网页制作的工作

逆风翻盘

后疫情时代中小企业的自救之道

外包出去。

但是,在三泗超市,从应用软件的开发到订单管理系统、手机页面及视频的制作,全部由公司内部的员工负责。

40名设计师和负责上传数据的人、20名系统工程师随时待命,三泗超市通过公司内部负责网络业务,既加快了网上超市的运转速度,又成功削减了成本。

高仓常务董事说:"如果把配送业务和系统开发全都委托给外部的公司,我们就没有利润。当然,这些工作全靠自己公司处理是挺难的,不过也不是办不到。很多超市没有花太多心思,只是想利用线下业务的空闲时间开网上超市,所以会失败。网上超市的销售方式和运营机制都和线下业务不一样。如果没有从头摸索的决心,网上超市就不会成功。"

这些要点都是长期以来挡在众多网上超市面前的障碍。

超市本来就遵循薄利多销的商业模式,所以营业利润很低,再加上系统开发、备货、配送这三大项开支,就更难获得利润了。

另外,由于传统行业的信息技术化比较落后,很多超市会将系统开发业务外包出去。即使自己公司能够维持备货和配送的机制,网络平台却难免要依赖外包企业。

订单数量增多的话,自然也需要支付更多系统开发费用,结果陷入了卖得越多亏损越大的恶性循环。

数年前,笔者曾到某大型超市考察其网络配送业务,发现从运营管理到备货的所有环节看起来都无法获得利润。

我问负责人"有利润吗?",结果他告诉我了一个内幕:"我

第 6 章
彻底追求沟通质量的"网络新战略"

们开展网络配送业务不是为了获利,而是为了避免顾客被竞争对手抢走。"

如果为了提高利润率而涨价,顾客就会被竞争对手抢走,即使你想削减开支,也无法削减系统开发的部分,结果就会陷入"因为其他公司在做,我们即使赔钱也只能硬撑着"的状态,就看谁能坚持到最后。

永旺的网络业务仅占1%

就连大名鼎鼎的永旺,网上超市的发展似乎也并非一帆风顺。

2019年11月29日刊行的日本经济新闻报道,整个永旺集团的销售额达到了85000亿日元,其中网络业务仅占1%。

据说永旺从2008年开始致力于发展网上超市业务,但是经过了十多年,销售额还停留在几百亿日元的规模,一直处于亏损状态。

后来,由于疫情,2020年3—5月的网上超市的销售额同比增长了二成左右。即便如此,考虑到总的营业额规模,这个数字仍然略显气势不足。

由于永旺进军各地市场,很多小城市的超市无法经营下去了。在这种背景下,三泗超市却一直坚持与永旺对抗,它那种想要生存下去的决心与拼劲和其他超市有很大不同。

逆风翻盘
后疫情时代中小企业的自救之道

▶▶ 向全日本提供网上超市的运营指导

三泗超市的下一步是跳出永旺的"老地盘",向其发出挑战。

自2019年开始,它以"日本网络市场"(JAPAN NetMarket)的商标向全日本的超市出售特许经营权,提供40年来构建的网上超市的技术和体系。

它从接受订单的管理系统到备货、配送的体系,提供全方位的建议,帮助对方打造符合当地特征的网上超市。

这是高仓常务董事和用于配送的小型货车。我问他是不是很难招聘到司机,结果他说"无论哪种业务都不容易留住人才,但只要你肯下真功夫,也不会招不到人。"

高仓常务董事说:"把网络平台的服务承包给我们公司,超市就可以集中精力做物流。已经有不少企业开始加盟了,有一家年销售额规模达到数千亿日元的超市也计划从2021年开始启动日

第 6 章
彻底追求沟通质量的"网络新战略"

本网络市场计划。"

他说打算通过让加盟店分担系统构建费用，应对将来的5G、虚拟现实（VR）、人工智能等网络技术的迅速革新。

以前超市行业总是被奚落不懂网络，如今逐渐形成了与大型信息技术企业并肩作战的体制。

▶▶ 不肯下真功夫的企业，还不如趁早停业

三泗超市之所以取得了成功，是因为它在永旺的老地盘上也没有低头，而是下真功夫努力开展网上超市业务。

而很多企业，即使大型企业抢走了自己的市场，也不肯下真功夫。

他们一开始就放弃了竞争，认为即使努力也不可能获胜。就算销售额降低了，只要还不到活不下去的程度，就会放弃抗争，嘴里还喊着"唉，也是没办法呀"。

但是，如果他们一直是这种得过且过的态度，早晚有一天会被逆境吞没。

在疫情期间，有些不肯下真功夫的企业很快就被迫停业或歇业，从市场中消失了。

有时候，我觉得疫情在问我们这些生意人："你真心想继续这份工作吗？"

我们不知道将来疫情会以什么样的形式终结，也无法预测后疫情时代我们身处的市场会走向何方。

逆风翻盘
后疫情时代中小企业的自救之道

但显而易见，如果你不肯下真功夫，就无法生存下去；即使下了真功夫，等待你的也只有考验。

还有另一条路，如果你不想吃苦，那么也可以选择逃走。

你可以跳槽到别的行业。在个体户当中，估计也有人关门歇业，靠打零工勉强度日，撑到领退休金。

未来难以预料，既然努力奋斗也可能会失败，不费功夫幸福地生活也是一种人生选择。

如果在眼下的逆境中无法下真功夫，那么你最好早点撤离生意场。

无法下真功夫，说明你没那么热爱这份工作。即使你能摆脱这次疫情的困境，也会在下一次考验中栽跟头。

既然如此，你还不如趁现在的逆境撤离市场。

没有人愿意和不肯下真功夫的人一起工作。

趁着疫情的混乱逃走，也是为合作伙伴着想。

▶▶ "下真功夫"做生意等于"忍耐"

如果你愿意下真功夫较量，希望你务必在疫情期间挑战一下网络业务。

在这次逆境中，能够下真功夫，说明你真心喜欢这项业务。

即使疫情之下前途渺茫，市场在缩小，只要你还有"想继续这份工作"的念头，就应该能够忍受任何逆境，战胜一切考验。

第 6 章
彻底追求沟通质量的"网络新战略"

要想在逆境中活下去，比起知识和技术，更重要的是对这项生意倾注的热情。

在网络业务领域，"下真功夫"就等于"忍耐"。

当你开始一项新业务，在收获成果之前，一定会花很长时间。

你能忍耐多长时间的等待，就表示你有多么大的决心。

对于不肯下真功夫的业务，人们往往想在短期内追求成果，觉得这样就可以放心了。

因为你不想忍耐，所以不会投资太多；因为你想从忍耐中解脱出来，所以动不动就依赖第三方，不肯自己动脑思考。

最终，因为你不肯下真功夫，所以很快就会逃离忍耐，在逆境中输掉网络业务。

反过来，如果你做好了思想准备，肯下真功夫发展网络业务，就应该能够忍耐很长时间。

你会明白在收获成果之前需要一定时间，所以不会轻易放弃。

即使暂时没有看到成果，你也会坚持投资，等待人才的成长。即使遭遇了重大挫折，你也不会放弃事业。

在赚钱之前能够一直忍耐，就是生意人的"真功夫"。正是因为你肯下真功夫，才会成功赚到钱。

只有肯下真功夫的人才能在逆境中生存下去，那些不肯下真功夫的人则会被逆境吞没。当你亲眼看见了疫情下企业面临的这种现状，就会明白做生意时干劲有多么重要。

逆风翻盘
后疫情时代中小企业的自救之道

在逆境中生存的公司：为了让网络业务取得成功，自己主动学习技术，肯下真功夫，愿意在人才和广告方面投资。

在逆境中消亡的公司：想只靠公司内部的员工维持网络业务，却不肯投资，只是发号施令。一旦遇到困难，就把工作全都交给第三方企业，结果整个事业都陷入了困境。

结　语

前途是光明的。

通过接种疫苗，街上来往的行人会逐渐增多，随着时间的流逝，餐饮业和住宿业的销售额也会恢复。

总有一天我们能恢复正常的生活：人们在街上穿梭的时候可以摘下口罩，休息日去听音乐会，到了年底去参加聚会。

盂兰盆节[①]休假时回老家探亲，参加孩子的运动会，毫无顾虑地去京都或北海道旅行……这样的日子不再遥远。

我估计经济状况也不会太差。

消费一定会出现"反弹"。一旦没了感染的风险，人们就会开始花钱在外就餐或旅行，出现补偿性消费行为。

特别是那些由于疫情哪里都去不了的老年人，积攒了大笔存款，终于等到了挥霍的机会。

"万一再次发生疫情，又得闷在家里。"

由于害怕出现这种状况，以前一味存钱的人也会一反常态，开始消费。

如果消费者发现"死亡"并不可怕，可怕的是活着的时候过着一潭死水的日子，就会有更多的消费需求。

[①] 日本通常每年8月13日至16日公司放假，让员工回乡扫墓。——译者注

逆风翻盘
后疫情时代中小企业的自救之道

对于生意人来说,疫情也为他们带来了改变。

远程办公推动了工作方式的改革,在线会议避免了无用的出差。

不少公司开始发展网络邮购业务,正式开始致力于社交网络的运营。

虽然疫情导致不少人失业,但是反过来也有人因此获得了重置人生的机会。有的人通过副业建立了新的人脉,也有人觉得人生只有一次,所以勇敢地开始创业。

有些公司以前"漫无目的"地经营,如今意识到"漫无目的"行不通了。

还有很多公司和店铺开始在内部进行大刀阔斧的改革,正因为疫情期间有了更多时间,他们才能着手拓展新业务、进行人才培训,这都是以前无法做到的。

也有多年来一直觉得"做生意很累"的经营者,终于可以趁着疫情关门大吉了。

有的人考虑到晚年生活,选择提前退休,搬到小城市,找到了新工作。

疫情并没有让所有人变得不幸。

疫情给我们生意人带来了前所未有的苦难,这是事实。

但是,一旦你闯过这重逆境,前途将会一片光明,美好的世界在前方等着你,你会由衷地感慨:"当时没有退缩,选择咬牙坚持下来真是太好了。"

即使今后我们可能会遭遇难以预料的状况,我们也应该对光明

结 语

的未来充满希望,像渡过这次疫情一样,苦苦挣扎着与逆境抗争下去。

也许生意人并不坚强,不过正因为不够坚强,我们才会把那些艰辛的经历当作养分,不断成长下去。

写在最后。

我从2004年开始一直发布免费的邮件杂志《大卖特卖的网络通信讲座》,到本书发售之际,将迎来第900期。

回首往昔,我们共同经历了雷曼事件和东日本大地震,通过每周一期的邮件杂志,我给众多生意人提供了在逆境中生存下去的技巧。

我希望今后继续通过邮件杂志发布信息,能够帮助更多的人描绘更加美好的未来。

在网上搜索我的名字"竹内谦礼",就能找到我的官方主页。如果您能点击订阅,我将不胜欣喜。

竹内谦礼